JN410922

엉겅퀴 설화

| 들꽃동인선 61 |

창작이십일작가회 작품집 7집

엉겅퀴 설화

2024년 3월 25일 초판인쇄
2024년 3월 30일 초판펴냄

지은이/문창길 외

편집위원/김은옥·안재홍·윤선길

펴낸이/문창길

펴낸곳/도서출판 들꽃
주 소/04623 서울 중구 서애로 27 서울캐피탈빌딩 B202호
전 화/02)2267-6833, 2273-1506
팩 스/02)2268-7067
출판등록/제5-313호(1992. 5. 15)
E-mail:dlkot108@hanmail.net

값 15,000원

* 파본된 책은 바꾸어 드립니다.

ISBN 978-89-6143-237-5 03810

들꽃동인선 61

엉겅퀴 설화

| 창작21작가회 제7집 |

엉겅퀴 설화를 들으며

지난 한해도 다사다난했다. 특히, 현 정부의 실정과 물가 오름세 등이 서민의 삶을 힘들게 하고, 정치권은 자신들의 권력 찾기에만 매몰되어 있는 것 같다. 최근 들어 총선을 앞두고 이전투구에 정신없는 정치권을 보자니 더 가관이다. 덧붙여, 검사들의 정치권 진출은 참된 민주주의 발전에 별로 도움이 되지 않을 것 같아 유권자들의 현명한 판단을 기대한다. 더욱 아쉬운 것은 많은 국회의원 후보자들의 공약을 들춰보면 문화예술 발전을 위한 예산 정책과 창작자들의 지원 방안 등이 거의 전무하다. 예술가들의 창작활동이 자유롭고 안정적인 환경에서 훌륭한 작품들이 창작될 수 있도록 정부 당국의 적극적인 관심과 실질적인 정책을 세워주기 바란다.

이번 7집 발간이 다소 늦어져 회원들께 송구하다는 말씀을 드린다. 사정이야 어떻든 귀한 작품을 내시고 책이 출간되는데 많은 협조와 기대를 해주신 존경하는 회원 여러분들에게 감사를 드린다. 이번 작품집에는 일부 회원들이 미처 원고를 내지 못해 수록되지 못한 분들이 있고, 새롭게 작품 발표를 하신 분들이 있다. 사실 지난 6집까지 본회의 작품집이 우리 문학계에 많은 관심과 평가를 받아왔다. 모든 장르가 참여하는 종합적이고 공동작품집으로서 그동안 창작21작가회가

활동해온 문학적 역사와 그 집합체가 고스란히 담겨져 있는 것에 대해 모든 회원들은 보람과 자긍심을 갖고 있다.

더불어 이번 작품집에도 각 회원님들의 귀한 작품들이 선보이고 있으며, 본회가 추구하는 민족, 통일, 인권, 환경 등의 주제가 편편이 담보되어 있음을 읽을 수 있다. 본회는 창립부터 현재까지 문학의 진보성과 시대정신을 바탕으로 우리 문학발전에 조금이라도 기여할 수 있는 창작활동과 문학운동을 펼쳐왔다. 물론 앞으로도 이러한 기조와 방향성에는 변함이 없으며, 우리 민족의 절실한 주제인 남북 평화통일을 위한 문학적 대안과 창작품으로서 참된 통일문학을 완성시키는데에 주안점을 두고 심혈을 기울일 것이다. 그동안 편집위원들의 헌신과 노력을 감사하게 생각하며, 한국문학을 넘어 세계문학으로 진입하는데 더욱 관심과 활동을 위해 전진해 나갈 것을 다짐 드린다.

2024. 봄날에

편집위원회

| 차례 | 창작21작가회 작품집 7집 |

[시]

인연 외 2편

강 신 석

모래 한 가득
주먹으로 꼬옥 움켜
쥐어본다

모래의 양은 주먹의 크기

손 안의 압력을 높이면
모여있다가
잠시, 악력을 풀면
스르르 스르르
손가락 사이를 빠져나가는
모래알 하나, 둘, 셋, 넷…

내 주먹의 눈은
늘 안쪽을 향하고 있지만
모래의 눈은
늘 밖을 향하고 있었다

겨울숲에서

별이 불러온 배부른 공복
막걸리 한 잔에
가끔은, 자신을 배반하고싶은 저녁
붉게 달아오른 토씨들의 입술이 간지럽다

잎이 떨어진 나무들,
패배로 누워있는 것이 아니다
푸른 날엔 내내 직립이었다가
잠시 저를 베어물고 누워
더 큰 수풀을 꿈꿀뿐
입이 없어 아무 말 하지 못 할뿐

울음을 너무 깊이 삼키면
그 소리 온 몸으로 스며 뜨거운 피가 된다
불뚝 근육이 되고
세상을 움켜 쥘 주먹이 된다

저기, 시간의 지평선 위
노을을 밟고 느리게 오고있는
또렷한 한 사람

산벚나무 아래서

피지 못 한 사랑
이루지 못 한 사랑아
비틀거리는 사랑도
이리 와 꽃비를 맞으라
벌레먹고 상처많은 몸 뒤척이며
겨울을 이겨 낸
눈부신 완결이 여기 있으니

아낌없이 태우는 한 생애
그대 누굴 향해 저리
까치발로 서서
나를 뜨겁게 꽃피워 본 적 있는가
귀먹고 눈먼 가슴아
받아 적으라
순간의 작렬이 불멸일 수 있음을

찔레꽃가뭄 외 2편

김 민 채

땅은 하늘이 하는 일을 보고만 있었다

목마른 아이들은 맨손으로 땅을 파고 귀를 모아 물소리를 찾았다
열에 들뜬 눈동자가 밤하늘에 매달려 마른침을 삼키고

하늘은 고집이 셌다

날 수 뒤적이는 뭉툭한 손가락사이로
찔레꽃이 환장한 날
연두는 초를 다투며 초록으로 뛰어들어 햇살을 받아내고 있었다

내일 없는 말들이 거리에 출렁였다

직원 구함 전단지가 벽에 나부끼고
아무도 몰래 헛발질 하는 횟수가 잦았다 밑창이 아찔하게 흔들렸다

구름은 눈꼬리 언저리를 느리게 기어 다니다가
찔레꽃 속으로 숨어들어 잠이 들었다

마당에 서 있던 감나무에

풋감이,
꼭지를 틀기 시작하는 오월이었다

나를 생각한다는 사람들은 한 마디씩 한다

이제 가게는 때려치우라고
경순 언니가 말했다 가게 정리하고 여행이나 다니자면서
제주 쪽빛 바닷물을 전화로 퍼올리며 갈매기 소리를 냈다
친구 찬배는
얼굴에 고생이 넘친다고 촌 아지매가 왔다 울며 가겠다고 했다
젠장,
내 얘기는 마이동풍이다
오늘은 동생이 언제까지 그 일을 할 거냐고 한다
나보다 내 걱정이 큰 그들이
힘도 쓰지 않고 내 사주를 잡아 흔드는 통에
지름신이 지름길을 못 찾아 방황 중이고
재언이는 끝까지 버티는 놈이 이기는 놈이라고
연신 하이파이브를 외쳐댄다
젠장,
비는 주룩주룩이고

밥이나 먹자, 순이가 말했다

겨울 승기천

아파트 담을 끼고 플라타너스가 사열을 하고 있었는데요 아씨, 얼어붙은 골목에서 잠시 휘청 했는데요(고백컨데 자주 휘청합니다) 그 휘청이라는 거, 잘못 낚이면 평생을 볼모 잡힌다고요 오늘 아침, 때 아닌 서리꽃이 만개했는데요 순식간에 겨울이 와버렸더라고요 바람이 나뭇가지를 휘어잡고 몇 시간 째 잉잉거리는데요 승기천 따라 핀 상고대도 그 소리에 바짝 귀 세우고 더 무거운 쪽으로 기울었는데요 플라타너스 잎사귀가 바스락 허공을 흔들어 놓지 뭐예요 상고대 사이를 누비던 청둥오리 한 쌍 물을 박차고 날아오르는데요 아씨, 그때 물을 깨우고 말았는데요 슬몃 보았을까요 강의 눈, 강도 가끔은 운다고 누가 말했는데요 강이 쩡쩡 소리 내는 날 숨죽여 그 소리 듣다 보면 어느새, 길어 올린 물 한 바가지 그게 목구멍까지 차올라 찔끔찔끔 닦아내야 한다는데요

씨름 외 2편

김 성 호

맞서 겨룰 상대가 있어
모래밭에서 샅바 끈을 쥐어짜며 맴돌다
더러는 이기고 비기다 지지만
힘과 의지로는 감당 못 할
맞수에게 들키지 않을
묘책이 생겨나겠지?.

마냥 쓰러져 기진하다가
젖힘 한껏 몰입하는 결행으로
조금씩 자신을 낮추어야
마지막 힘마저 아끼면서
큰 숨 몰아쉬면 기상이 무르익어
바닥을 한껏 박차 일어서리라.

실패뿐이었던 날
상흔이 순간 순간 지워지면서
약세를 강세로 바꿔 쥐면서
기울 지라도 무릎 꿇지 않으리라
묘수로 급습해도 겨루어 뻗퉁기면서
끝내 일어나 휘감으리라.

일어섬이 최선의 방호야
넘어져도 괜찮아 괜찮아
곤경을 역경으로 한껏 몰아쳐야
수많은 실패의 날 거꾸로 뒤집으며
그 부끄런 실패, 결결이 햇살을 만나
호땅한 웃음 힘차게 내뱉을 수 있지.

무도舞蹈

시방十方 발끝 세워 온몸 돋움은
스스로 깨달아 비단길 찾아가면서
멜로디와 리듬과 화음에 젖어
마음은 이제 벌거숭이 되겠지.

흔적을 마저 비워야
너와 내가 한 숨결로
천상을 향하여 비등하며
네 팔다리를 활기차게 펼치지.

나를 내려놓아야
너를 한껏 안고 돌 수 있어
달콤함과 기쁨을 나누면서
잦은걸음 완보할 수 있지.

때로는 완급 길들이려 손길 잡았다
네 우아한 가슴 허리 둘렀다 놓으면서
저만큼 천둥 치고 번갯불 멈출 때
두 능선 사이 무지개 피어나지.

신생新生

천지현황天地玄黃이 절로 생몰잖고
무한에서 유한으로 발아함이 아니라
유한에서 무한으로 사멸됨이 아니라
천추에 빛과 그림자가 나타나
태양 아래 공기와 바람이 섞여 돌면서
먹구름이 안개와 비를 몰고 와
지상에 한해와 홍수를 내려
별들과 별들이 곁돌다 부딛혀
별똥별 되어 찢기고 깨어지고 부서져
지상에 조각 조각 광석으로 내려 쌓였다
바위가 되어 굴러내리면서 돌멩이 되고 흙이 돼
강줄기 타고 흘러내려 해변 파도살에 자갈 모래 되어
가루가 되고 먼지가 되어 곰팡뜸팡이 함께
식물 프랑크톤이었다 동물프랑크톤 되어
어족과 어패류 어말 해파리 더불어
모래펄을 헤매돌다 뭍으로 올라
초목화웨가 되었으리라.
조류가 되었으리라.
동물이 되었으리라.

사람이 되었으리라.
남자가 되었으리라.
여자가 되었으리라.
아이를 낳았으리라.

손톱깍이를 주세요 외 2편

김 애 리 샤

손톱을 물어 뜯는 버릇

나의 가죽이 헐거워지고 마침내
먼지로 날리기 시작할 때까지 걸리는 시간은
있는것인지 없는것인지 투명하게 무장하는
유리창의 잔인함과 닮았다
안과 밖의 경계를 경계하느라
쓸모없이 순해지는 병病조가리들과 닮았다

여름의 마지막 노을을 파내어
내 무덤을 치장하는 심정으로
조금은 진정성있게 기도해보는
그런 겨울의 첫 날
습관적으로 믿었던 진부한 기도들 때문에
점점 두꺼워지는 노을의 가식과
손톱을 물어 뜯으며 마주하는
내일의 태연함이 재빨리 어둠을 펴올린다

땅거미가 두꺼워지면서 만들어내는
불우한 서성거림들은

뜯어도 뜯어도 살아나는
손톱의 징그러운 용기 밑으로 숨어든다

화장火葬이 끝나도 살아남는
인공관절의 견고함이 도달하는 비루관처럼
철철철 흘러내리는 나의 엉덩이 가죽들
한 때는 생명의 기원이었을 거기
아무리 얌전하게 늙어가도 이젠,
손톱을 물어뜯는 습관은 은하를 맴도는
귀벌레로 환생한다

그러니까 나에게
손톱깍이를 주세요

알고리즘인 척

네가 내 얼굴을 뜯어내는 순간
난 벙어리 광고처럼 순해져

내 몸속에 낯선 바람이 불기 시작해
지금이야, 내가 아닌 나로 변해가는 경계

태어나서 한번도 가져본 적 없는 무게로
나는 오해되어 가

너 같은 건 없고 나 같은 것도 없고
우리는 서로를 알아보지 못하는
메타몽이 되어가

내 무게를 다 잃기 전 적절한 핑계를 찾지 못한다면
너의 손가락을 기억할게

우린 어차피 서로의 망원경은 될 수 없으니까
몇 번의 클릭으로 가면을 치장하면 그만이니까

내가 나같은 나에게 안부를 묻듯 결심을 해
백번도 더 메타몽이 되고싶다고

어제 죽은 사람들이 떠나지 못하고 있는 여기
격조높은 뽀샵들의 천국

나를 배신하지 않는 건
릴스속 웃음
릴스속 노래
릴스속 시인
릴스속 메타몽들

서로를 베껴가는 눈알들이 가득찬 곳

편안하다

지나간 뉴스

캐셔 아내가 눈동자에 새겨진 바코드를
지우는 시간, 난 작업복을 껴입어

식탁 위 먹다 남은 고로케가
푸석푸석 알람 소리를 생산해
나는 흩어지는 하품들을 끌어모으며
말라버린 빵 껍질처럼 야근 길에 나서

열 두 시간 당직만 잘 서면
덜 빠듯한 숫자가 통장에 찍힐 거니까
난 공장에 출근지문을 찍어야 해
밀가루 반죽기를 돌리고
소스 배합기를 돌리고
기계들 사이사이 내 몸을 돌려가면서
공장을 돌려야만 해

앞치마가 배합기에 끼어
나를 잡아당겨 나도 돌아가
내가 갈리는 동안

소스와 섞이는 동안
작동하지 않는 인터록이 잠깐 생각났어
자동 방호장치는 항상 거기 있는 무늬 같은 거잖아

가성비 좋은 게 장점이어서 취업하게 된 나
고로케를 먹을 땐 나 좀 떠올려줘
한 입 베어 물면 당신 입속엔
나로 가득찰 테니

맛이 없다고 걱정은 하지 마
나는 곧 지나간 뉴스가 될 테니까

소금인형 외 2편

김 원 희

소금인형이 바다를 흠모하기 시작했네
멀리서 출렁이는 파도는 심장을 뛰게 했고
부서지는 흰 거품은 오랫동안
뇌리에서 지워지지 않았네

적막한 달빛이 찬란히 부서지는 밤
그는 평생 갈망하던 푸른 바다에
한 발을 내딛었네

찰나, 발은 사라지고 온 몸이
물살에 휩쓸린 그 절체절명의 순간
소금인형은 깨달았네
내가 곧 바다였어, 네가 나였구나

바람의 밀어

먼 훗날의 그리웠던 순간이 지금
다시 오지 않을 우리의 찬란한 시절
설령 다시 볼 수 없는 날이 온다 해도
애달파 하지 말자

시간이 흐른 후 한참 흐른 후에
들판 지나고 호수를 지나
장미 정원에 잠시 머물다
향기 품은 바람으로 네 곁을 스칠께

그때 기억해줘
이 향긋한 바람이 나란 걸
우리만이 느낄 수 있는 바람의 밀어
불능의 언어로 간직하기엔
너무 벅찬 말, 사랑해 너를

디셈버

나의 이 노래를
너의 귓가에 가 닿아 머물게 할
바람 한줄기 찾고 있네

황량한 벌판을 맨 살로 지나고
때론 호수에 깊은 파문을 일으키고
밤하늘 별들의 밀어를 품고 있는
그런 바람을 찾고 있네

이 밤에 나는
하얀 조각상의 여인 아내로 삼게 해달라
아프로디테 여신 찾아가 소원 빌던
피그말리온을 생각하네

이국의 하얀 밤, 하얀 별들
거품 가득한 술잔에선 쉼없이 기포가
탱글탱글 추억처럼 떠 오르고
이 순간 가장 순수한 영혼으로
그댈 맞이하고 싶네

조난遭難의 시간
디셈버의 마술이 끝나기 전
나는 그대의 갈라테이아가 되어보네

모월모일某月某日 외 2편

김 은 옥

바다 같은 마음이다
오리무중을 끌어다 놓으니 낮꽃을 알 수 없다
해풍과 모래가 종일 멍 때리다가
눈보라 꽃가루 속에 곧잘 해안선을 숨겨놓는 무인도 품은 이름이다
속마음을 보여주지 않는다
가만히 들여다보면 물고기보다 깊은 호흡 속에 혀 짧은 소리 가득하다
하늘인줄 알고 찾아들던 수많은 행성들이 끝 간 데 없이 펼쳐진 망망대해를 유영하다가
아무달이고 아무 날이고 하늘로 돌아간 행성들과
어디선가 돌아온 행성끼리 새끼를 낳고 또 낳아서 하늘이 새순 천지다
때가 되면 꿋꿋하게 약동하는 봄 물결처럼

오리무중이 눈보라 꽃가루 다 날려 보낸 모내기철이 오면
절기를 헤아려가며 모월某月이 읊조려주는 유세차維歲次가
봄날 새순 같이 모일某日에 다다를 것이다

질문

코스모스에게 질문하는 아침이다
"요즘 코스모스들은 무슨 생각으로
아무 때나 피어나서"

어느 아침 중얼거리던 어머니 말씀
"인생 뭐 있어? 인생 뭐 있어?"
그 말을 곱씹어 보다가
인생은 흔들리는 거지
생각에도 뿌리가 있고 기둥이 있을 텐데

마당에서 우물이 깊어진다
코스모스 가느다란 고개가 부르르, 여파가 길다

"인생 뭐 있어? 인생 뭐 있어?"
대답 없는 이 저녁이 또 부르르

좋은 꿈

입술 검은 여자다
독 오른 손이다
여자가 무너진 입술로 내 팔뚝을 빨아먹는다
독 오른 입이다
독 오른 입과 손과 뇌가 문드러져 썩은 물 줄줄 흘리더니
역한 냄새 풍기는 그 여자
어디로 갔을까
녹슨 쇠 갈아내듯 치석 긁어내듯
입을 헹구었다

이빨 없는 그 여자
빨대 없는 그 여자가
거울 속에 있다
나쁜 꿈이
싱싱한 팔뚝을 찾아나선다

등나무 아래서 외 2편

김 이 담

눈뜨면서부터 넝쿨손 내밀어
풀잎, 풀잎을 밟고 가는 구름
구름에 기댄 나무

나는 당신의 눈과 귀를 칭칭 감고 일어섰지요
가파른 허공에서
당신의 마디마디 피어나는
향기는 디딤돌이었지요
휘어지는 당신의 구름지붕 위에서
휘파람새처럼 프른 잎 팔랑댔지요

나의 무게만큼
당신의 팔뚝은 움푹 파였을 거예요
파인 웅덩이마다 고였을
천둥번개, 눈보라

결승문자처럼
몸 부비며 날아가는 별똥별의
뒤란
어둠 속에 선 나는

빈 항아리

당신의 기도소리에 출렁여요
그것은 유장하게 흐르는
비문非文의 강물
삭정이가 된 몸으로 떠받치고 있는
힘줄

긴 혀 내밀어 방울방울
나는 당신을 걸어요

사자울 이야기

새들의 날갯짓에 묻어오는
저녁

아슴아슴 어둠을 헤치며
사자울*에 닿으면

걸음을 멈추어야 한다
손 저어 나룻배를 불러야 한다

버스를 실어 나르던
뱃턱, 귀 가득 떨려오는
여울 물소리의 반짝임

두런두런 모래톱에
저녁연기 깔리는

지도에는 있고
지상에는 없는

내 핏줄기 따라 까마득
날아오르는 물떼새들

*사자울은 보은군 회남면에 위치한 마을이었다. 여울 물소리가 사자의 울음 같다 하여 붙여진 이름. 옛날엔 평배平船이 버스를 실어나르던 나루터였으나 지금은 수몰되고 없다.

엉겅퀴 설화

-정순덕

고무신짝 벗어놓고 달아난 당신
쫓아 달빛 삼킨 지리산

바위틈에 들었는가
골골 멧등 넘고 넘는
쑥국새

주린 배는 왜 이리 으르렁대는지
밥물 씻는 골짜구니
파르티잔 되었네

쫓고 쫓기는 주검의 틈바구니
애오라지 건진 목숨도
죽은 목숨

나는 온몸 가시 박힌 엉겅퀴
피 절은 꽃대로 서서 우는
사람

당신 안고지고 한세상 흐르고자……
모르겠네, 모르겠어 그것도
죄라면…… 어쩌랴

두 동강 내 땅아
겨눈 총부리에
꽃이라도 꽂아주랴

돌아보면, 사랑은 감옥이었네
쇠창살에 박히는 접동접동 저 소리
목구멍을 메우네

그리움 외 2편

김 종 휘

소슬 바람 접어 만든
작은 비행기 하나
하늘 높이 날려
날려 보내도
거기까지
가 닿지 못하고
내 발밑에 다시
곤두박질치는…

12월의 알곤퀸공원*에서

길의 끝에서
왔던 길 되돌아가고자
고목나무 한 토막
석양에 불씨 빌려
제 가슴에 불 지피는데
함께 타오르고 싶어
어둠 몰래
발가벗은 바람 한 줄기
모닥불 껴안고
하얀 머리결 풀어 제쳐
12월의 제 올리네

* 캐나다 온타리오에 있는 주립공원.

바다

매일, 제 허물을 벗고 있다

시린 바람 불어도
겉옷 입지 않고

거친 바람 불어 올수록
더욱 푸른 바다

속살로, 하늘 바라보기 위해
두터워지는 허물을
벗겨 내고
벗겨 내고 있다

햇살 좋은 날 외 2편

김 홍 섭

햇살 좋은 날
푸른 하늘 위로
흰 구름 날고
작은 잎새들 여유로이 춤추고

너와 걷던 해변 길
작은 오솔길 위로
들꽃들 향기로이 흔들리고

네 머릿결 위로
햇살 내리던
너와 내가 햇살이던 날

강물 가장자리에
물결치던 햇살
포르릉 물새 떼로 날아오르던

물결 위에 이는
너와 내가 바람이던 날

잎새 위에 깃든
내가 너와 햇살이던 날

사랑하는 손녀

하늘의 귀한 첫 선물
반짝이는 눈망울

어느 별님의 영롱함 같이
예쁜 새들 노래 같이
맑은 냇물 속삭임 같이
맑은 옹알이 옹알이

할아버지 주름살 밝게 펴주고
할머니 기쁨의 옹알이 더 커지네
기쁜 은혜로 깊은 사랑으로
우리 한 핏줄

빛나는 햇살
아름다움 꽃밭
너른 들판 충성한 물결
너의 모든 날
함께 하시리
우리 모두 함께 하리
사랑한다 은채야

다시 419 탑에

봄 햇살 따사롭고
유록빛 나무들 빛나고
크로바꽃 향 그윽한 경내

어디 정겨운 뻐꾸기 소리
임들 핏빛 거리 달릴 때
거짓의 소리 진동하고
폭력이 진실을 억압하던
숨죽인 침묵의 시간

비바람에 꽃잎지고
밟히던 껍데기 난무하던

임들의 왜침 내달림
분노의 팔매질
꽃으로 피어

땀과 눈물로 핏물로
적신 거리마다

눈물의 고랑마다
눈빛 머문 잎새마다

오늘 여기 화사한 꽃들 만발하고
재잘거리며 아이들 노니는
느티나무 푸른 잎새로 빛나고

아직도 풍요 속에 쓰러지는 거리에는
다시 목청 높이는 촛불들
지하철에서 피 흘리는 꽃잎들

언제 꿈은 오려나
그의 나라는 어느 때 오려나

이제 정원으로 멈춰선 이곳에
임들의 영혼

한 마리 학되어
여기 작은 연못을 맴돌고
사위를 둘러보며
하늘을 난다

이별의 속도 외 2편

나 금 숙

정향나무 꽃그늘 아래 멈춰서
한참 쉬시다가
노적봉 고갯마루에 앉아 아리랑 가락 넘기신다
구름 짚고 일어나
찬찬히 가시더니
뒤돌아보다가 보다가 가시더니
끝내 강을 건너셨다
정향 가지 꺾여진 채로
향기 우거지고
뒤란에 앵두 까마중 따서 고픈 배 거두시더니
이제는 노을 거두신다
손 저으시며 가신 엄마 뒤로 노을도 사라진다
요양원 침대 절벽서
외치던 외마디도
너른 바다로 일엽편주가 실어 가고
비가 내리거나 달이 뜨거나
찬찬히 가시던 그 걸음으로
다시 오신다
공기가 되어
못 걷던 걸음 아무 데나 걸으시고

무정세월 꺾어 들고
초록 저고리 제일 이쁜 울 엄마
거기에서 현재로 오신다
내 곁으로 오신다

잔도棧道를 위하여

이 사다리를 연결하다
죽어간 이들의 한숨
그들의 구름 한조각
발꿈치에 돋던 날개
공기를 밟는
부드러운 깃털을 봐
그들 속의 모든 길이 밖으로
내어달렸다
길은 사다리는 상승을 권유한다
그들의 표고가 심연의 깊이와 같다는 것을 깨달을 때
젊은 해들은 어둠을 찢고 올라온다
깊은 수직 하늘이 우리를 드높이 밀어올리다
수직으로 심연에 떨어뜨린다
그때 숲속에선 숨어있던 버섯들이 일어서고
공중의 대사인 사슬이
먼 길 흘러 온 투명 비닐봉지를 포획한다
앞으로 무슨 일이 일어날지
아무도 몰라
천 길 아래로 낙원이, 스올이 보인다

절벽에 간신히 붙은 교량이 연결하는 것은
하늘의 평면이 아니라
수직의 깊이
밤새 밀어 넣어진 심연의 고봉에서
하늘꼭대기로 다시 분출하는 경이驚異
길은 흔들리며 자신에게
노래를 불러주고 있었다

먼 곳

나는 내가 있는 곳이 어딘지 알고싶지 않아
도금이 벗겨진 황금나침반은 당신이 가지길
젠가의 한 조각을 간신히 빼서 옮길 때처럼
동물들은 뭐든지 처음이다 싫증을 안낸다
의심 많은 현재를 산다
마유주를 마시고
쌍봉낙타를 타고 노을 속을 한없이 갈때쯤엔 사람도 짐승도 서로 닮아있다지
꿈 속에 전화 부스에서 스킨헤드족을 만났다
죽은 이의 명함으로 내 눈을 찌르려했다
테러를 기다리는 나의 권태가 그제서야 꿈틀했다
아침으로도 회유로도
영원히 익지 않는 검은 열매는
수초 정원 속에서
끈적거리는 달콤한 불안들과
비좁은 골목에 오래 서 있었다
내 품 속에서 부드러운 진흙 한 덩이를 이겨
끔찍한 기억들에 덧발라 준다
말을 못해도 여전히 회답을 바라는 원망들에게

잠시 침묵을 선사해 주었다
다시 입이 생겨도 말을 못할 그들에게
소리 없는 낭독을 들려주었다

날개가 되려다 만 지느러미 외 2편

문 예 진

둥근 얼음이 지느러미를 낳아놓았네
나 그 지느러미에 손을 베였네
틀에 들러붙은 얼음을 꺼내려다 미끄러지면서였는데

둥근 얼음은 지느러미를 갈고 있는 펭귄 같았네
염천에 뒤뚱거리며 날을 세우던
나 그 지느러미에 날개를 베였네

뜨거운 커피를 좋아하는 나
아이스 아메리카노를 사랑하는 당신
서로 다른 온도에 지쳐 깨진 얼음처럼 날카롭다가
무슨 색깔의 이야기를 낳아야 할지 몰라
지느러미를 낳고 말았네

얼면 날개가 베이고 녹으면 눈물이 되고 마는
나 펭귄처럼 뒤뚱거리다가
사라지고 말았다네

나는 눈물 흘리지 않았다

천변川邊 한적한 곳에 허수아비 전시관이 들어섰다
드나드는 사람을 본 적은 없으나
늘 한결같은 자세로 문 앞을 지키는 허수네 아버지
그의 성실함을 높이 산 적 있다

열아흐레째 환호하는 장마
십자가에 달려 대못 같은 빗줄기에 박힌 허수아비가
굵은 눈물을 흘린다

새나 좇을 일이지, 중얼거리다가
不姙의 십자가에 매달린
아비들을 생각한다

그 많던 허수는 어디로 가고,
빗물이 아비들이 걸어온 흔적을 지우는 중이다

그 밤, 오래 묵은 먹구름을 찢었습니다

미래를 지워버린 종이처럼 풍경을 지워버린

빈집 우편함에 쌓인 편지처럼 침묵이 깊어지는

꽃잎을 낳은 것이 가장 큰 죄입니다만

수국은 안색을 바꾸고

백일홍은 내내 붉었습니다

달빛을 낚아채던 손은 온데간데없습니다

수렁을 조심해야 하는 밤

나뒹굴던 비명을 제 속에 들이고 온몸으로 깊어진 멍이

마침내 제 몸을

찢었습니다

관음 황 씨 · 1 외 2편

문 창 길

페스파니우스가 로마의 황제가 되고
그 아들 디토 대장이 사령관이 되고
그래서, 성전 예루살렘을 무너뜨려
수많은 민중을 학살하거나
철쇄를 채워 잡아 가두는
극악한 죄인들이 있었나니
그 죄인들이 지금
이 땅에도 살아 있나니 오! 그리하여
하늘에는 천둥과 번개가 치노라
땅에는 화산과 지진이 일어나노라
바다에는 거센 파도와 해일이 넘치노라
저들의 죄가 우리의 죄이노라
용서하여라 저 죄인들을
만인이 다 죄인이거나 천사인 것을

관음 황 씨 · 2

한밤 내내 쌓이던 송이눈이
은혜처럼 빛나느니
저 거친 땅 관음예수로 피어나거라
언 땅이 풀리고 쌓인 눈이
뜨겁게 꽃대궁을 적실 때
그 꽃잎은 가장 아름답게 피어날지어다
그 향기는 가장 은은하게 퍼질지어다

관음 황 씨 · 3

사랑하여라. 죄인들을
벌을 주어라 죄인들을
아니, 더욱 사랑하여라
그 죄인들을
그리하여, 너의 죄가 용서 받은 것처럼
그 은혜로 인하여 성불하는 것처럼
할! 할렐루야 나 나무아미타불
저 거친 들녘 무거운 수레바퀴를 굴리는
민중들을 위하여 피어나거라
모순의 시대 관음꽃으로

가장 낮은 인사말 외 2편

박 명 옥

현관에 매트처럼 그저
그렇게 다들 살아가는 것이겠지
그래서 그랬는지 무정물無情物 같은 수백 개 언어

마른오징어 질겅이는 아픔이 있었나 봅니다
부록의 부속 문장 자연사처럼 고요합니다

끈적끈적 눈 흘기는 죄업과 폭죽처럼 터져버릴

가장 낮은 인사말이었다가
어둡고, 무거운 돌무덤이었다가

쉬엄쉬엄 아주 느리게 이길순 복음 63장 4절을
읊고 읊는 호젓한 밤

살 내음 섞인 센서 등 불빛 휙휙 지나갑니다

선들거리는 바람결에
오늘이라도 휙휙 털어서 힘껏 널어야겠습니다.

비누 노트

아뿔싸, 봉인되지 못한 아쉬움인가
흘러내린다

제 몸 녹아내리는
쓸쓸함도 마다 않고
파닥대는 세찬 물고기처럼 요동칠 때마다
녹아내리는 거품, 시린 소리가 난다

물 한 줌이면 녹아내릴 것 같은

다 녹아내리고 나서야
흘러내리는
그래도 한때는 진실이었다던
한 고독한 사내

제 몸 읽어내리는 싸리꽃 두어 잎 떨군다.

장미의 이차 방정식

빼셈과 나눗셈이 남긴 꽃등이 환합니다

파르르 설레는 가슴골 사이
허기가 곤두박질하다가 맞닿은 제곱근일까요

모란과 설토화처럼 떠날 때를 알아
자리를 나누어 준 것도, 뺀 것도 아닌데
모퉁이를 돌고 돌다
인수분해 되지 않는 나머지일까요

굽어져 꺾인 마침내 평행선을 긋는 등으로
어기적어기적 걷는
향기에 양면을 나누어 준 꽃잎처럼

문득문득 계산 값을 지불한 오목가슴이
이 여름 절정입니다

올림피아 외 2편

박 승 일

벌거숭이 아담은 가시덩굴 걷고 있었다
양치기 아벨 광야에 검은 피 물들였다
노아는 전나무 방주타고 아라랏산 보았네
“땅과 하늘에 모든 풀과 짐승들은 너희 양식이니”

대자대비 가이아!
비를 부르는 여신
아들에게 낫을 선물한 여인
데미테르의 호미와 낫이 아닌
속죄의 씨앗을 당신 대지에 뿌렸구나
핏빛 아프로디테여!
가련하여라

나는 보았네
아비와 아들이 삼지창에 불을 뿜고
수정바다가 불타오르는 것을
불타는 바다로 떨어지는 상서로운 용머리를
여신들은 벌거숭이
양들은 동트자 개암나무 동굴로 걸어갔네
티베르강 콜로세움에 나팔 소리

침흘리는 로물루스 자식들
하데스의 어릿광대들이 땅을 치며 웃는구나

꽃을 든 오필리아는 푸른 시냇물에 누워 있어요
"님은 떠나 갔어요
 발치에는 묘비석이 하나 있어요
 꿈의 시대는 떠나 갔어요"

나는 보았네
구름 사다리가 황금불에 녹아내리는 것을
유리벽 너머
소마의 거미줄이 촉수같은 마천루가 불타며
별들의 동맥이 타버린 검은 강가에
꽃을 든 유화가 누워 있네

"님은 떠나 갔어요
 당신의 발치에는 묘비석이 하나 있어요"

신성한 제단에 붉은 심장이 들려졌지
꽃다운 마녀 화형대에 불타는구나
대서양 밤바다에 던져진 검은 뼈
뼈가 타는 굴뚝너머
하늘에서 들려오는 상여가
그 눈물이 마천루와 구름사다리로
비처럼 쏟아진다.

아! 나는 보았네
메루산! 뿔잘린 소들이
가시덤불 광야를
푸른 하늘에
흰 소들의 눈먼 얼굴

송아지의 노래

그리운 엄마!
어느 봄날 새벽
난 당신을 떠났습니다
오월의 푸른 산그늘 아래
당신을 생각합니다
그 눈망울을
그 눈으로 나를 바라보던 당신을

난 그날 새벽 긴 족쇠를 풀고
짐승 우리를 넘었습니다
새벽이 동터오자 어린 동생과
푸른 하늘을 처음 보았지요
은빛 쟁반 같은 해
햇살에 반짝이는 물빛
피어나는 흰 꽃들은 얼마나 어여뻔지요

아! 어머니!
그 곳은 하늘아래 세상이 아니라
그 지옥에 우리를…,

어느 날 우리는 팔려나가
도살장 붉은 쇠고리에 걸리고 맙니다.

어머니! 우리는
언제나 저 초원을 자유롭게 달릴까요?
형제들 야크와 들소처럼
인간이 사라지는 그 날을 기다려야 하나요?
기나긴 이 고통의 나날을!

그들에게 하늘에 새들은
소망이 아니라 일용한 양식이니까
외로운 자들은 자화상을 그리며 웃고
요정들은 바알의 춤과 노래를 부를 뿐
우리 눈물을 노래하지 않아요

어머니! 오월 하늘 바라보며
당신을 그립니다

꿈

어린 아이들은 어디로 갔나요?
시냇가에 뛰어놀던
여름 햇살에 은물결
달리던 아이들은…,

진달래 피는 산언덕에
하늘보던 아이들은
어디로 갔나요?

병든 냇물아!
주검의 빛 가득하구나
생명들 사라지고
겨울날 흰 새
저만치 홀로
백사장을 걸어가는구나

솔숲사이로
아침 햇살 나리는데
어린 꿈들은 어디로 갔나요?

여름날 버들잎 드리워진
시냇가 둑길을
자전거는 달려갑니다.

우기를 대하는 자세 외 2편

박 영 선

세차게 퍼붓던 빗줄기가
큰 강을 이룬 날이었다
거대한 황톳물이 차량을 집어삼키며 사납게 흘러들었다
순식간에 차오른 물들은 모든 것을 휩쓸고
비명 한번 못 지른 목숨들을 빼앗아 갔다

어제저녁 식탁에서 밥을 먹던 따듯한 가족
터미널에서 만남을 약속했던 친구는 어디로 갔나
핸들을 꼭 잡은 손
차창 밖으로 내민 손
안타까운 손들 이 주르르 떨어지던 지하차도엔
흙탕물만 낭자하였네

무능한 지도자가 외국 땅 언저리에서 웃고 떠들 때
무지한 그녀가 명품 숍에 가는 사이에도
비는 계속 내리고
산도 제 무게를 못 이겨 허물어졌다
사람도 물도 들판도
폐허다

지켜주지 못하는 이 땅에서
다시 내리는 비를 바라보며
가슴을 쳐야 하는 지금은
우기憂期다

위로

목포를 폭포로 읽다가
세찬 물줄기에 맞은 듯 허탈하게 웃어본다
날마다 조금씩 번져가는 글씨들
때론 멀리 달아나 돋보기로 잡아오기도 한다
돋보기는 어느새 무기가 되었다

얼마나 곁에 둘 수 있을까
떨어져 나가는 몸의 부스러기들
떨어지고 떨어지면 무엇이 남을까

가까운 거리가 쓸쓸해지는 저녁
과거로 기울여 지는 어깨를 곧추 세우며
익숙한 글자들을 뒤적여본다
건너가지 못하는 책장 사이
그래도 책은 나의 배경이라고
눈꼽 만큼의 위로를 건넨다

더 이상
자라지 않는

나에게
희미해져가는
나에게

그 여자

공원에서 보았네
배롱나무 아래 벤치
두 손으로 얼굴을 감쌌네
손가락 사이로
더운 눈물 떨어지네
마른 흙 위로 풀썩이는 먼지
작은 어깨가 파랑같이 흔들거리네
빵조각을 뜯는 비둘기들
머리를 주억 거리네

배롱나무 마른 꽃들
그 여자 머리 위로 떨어지네
힐끔 거리는 눈들이 날아다니네
발소리를 숨기며
나 말없이 지나쳐 왔네
젖은 어깨가
뒤따라 왔네

팔월의 바람은

시멘트 바닥만 핥고
지나가버렸네

두 개의 얼굴 외 2편

변 예 랑

방황의 시작은 물속일까 몸속일까

어항 속 물고기를 볼 때마다 엄마가 생각난다
반항과 방황을 거듭하는 날 바라보던 그녀는
걱정을 맹물처럼 들이켜고도 태연해했다

방황에도 다짐이 필요할까
어떤 방황도 다 해치울 수 있을 것 같은 때가 있었다
소용돌이치는 바람 속에서 수시로 연습한 덕분에
여름 한철 종횡무진 마음껏 허덕일 수 있었다

머리를 감싸 쥐고 흔드는 일은 가치가 있다
자책은 나를 아름답게 펄럭이게 하는 기회를 준다
기억의 벽은 수포가 터진 여백을 안고 지낸다
최적화된 방황은 무의식에 불규칙한 흉터를 그리는 것

나에게서 눈을 떼면 엄마가 보인다
한 개의 얼굴은 자궁 속에
또 하나의 얼굴은 묽은 잠 추방하려는 내 몸속에 둔다

나는 자궁 밖에서 헤엄치는 열등한 물고기
이미 끝났다고 발음해도 다시 흔들리는 동공
방황할 시간이 모자랐을 때는 아주 잠깐 뿐이었다

형용사 다음에 동사

시작부터 함빡 젖는다

뒤섞인 시간에 예정이 없다가도
내용이 생기면 펼쳐야 하지

초록은 드물고 빨강은 유행이 지났고
분홍이 흔하지만 노랑은 슬픔을 부르니
증정 받은 까망을 나눠 쓸까

진화를 거듭한 지붕이 돌처럼 든든해서
심장과 심장을 붙이고 입술을 접었다 펼쳤다 하며
조르륵 조르륵 흐르는 소리 받으며 걷는다

바람과의 싸움에서는 언제나 약자가 된다
수직을 받아내던 한 그루가 휘청,
뒤집히고 찢어져 살들이 발라지고 버둥거리다
독백만이 존재하는 뒤안길로 에워진다

서사를 지워내고 감정을 이입한 공간에

우산이 마타리 꽃으로 핀다
단단하게 노랗게 형용사 다음에 동사로
잴 수 없는 사랑이 핀다

춤

눈 감으면 목적지가 멀지 않는데

눈 뜨면 삼만리 같은 길

직선보다 곡선이 많고 평지보다 언덕이 많아

격렬한 심장 소리 웅크리고 있는 길

꼬리 잘린 하루해가 기울어져

14번 마을버스 타고 손잡이 잡고

가방과 목걸이와 엉덩이가 흔들리고 있었는데

같은 박자 같은 방향으로 춤을 추고 있었는데

백팩은 앞으로 매 주세요,

빨간 문장 한 줄이 춤의 허리를 쓱 벴다

가방은 고아처럼 울고

목적지가 도착지 되지 못해 으깨져버린 리듬

춤은 가슴으로 안고 흔들리는 것이라고

나락들 외 2편

선 종 구

고개 숙인 나락들이
논바닥을 내려다보고 있다

자기를 키워 올린 부르튼 발등과
마지막 젖줄까지 짜내며 갈라지는 흙을
그렁그렁한 눈으로 보고 있다

봄 산의 뻐꾹새 울음과
그칠 줄 모르던 여름날의 폭우,
나락꽃 피어 흩날리던
늦여름의 햇살들,

1미터도 체 안 되는
생의 마디마다 새겨진 기억들이
이제는 온전히 무게가 되어
고개 숙인 가을 나락이 되었다

벼의 일생은 이삭하나 남기는 것
돌아가 안기고픈, 흙의 냄새 가까워질수록
또다시 떠나야한다는 걸 알면서도

고개 숙인 논 자락이 가을볕에 눈부시다

젊은 사람이

농번기 끝나고 빈 몸으로 훌쩍 떠나 닿은 밤은
진도 어느 바닷가의 포장마차, 여행자의 객수에
젖어 밤바다를 안주 삼아 소주를 마시고 있었다

" 여그 사람은 아닌 것 같은디,어디서 오셨스까?"
 옆 테이블의 늙수그레한 여인네 셋이 말을 붙여왔다
"가까운 전라도에서 왔습니다" 우아하게 폼 잡은
내 고독이 방해받기 싫어 짧게 끊고 다시 술잔을
막 들려는데

" 젊은 사람이 살아야제!"
" 나 그런 사람 아닙니다, 아니긴 뭐가 아니여
딱 본께 기구마, 잔 들고 이리 와보씨요"

"살다 보면 오르막도 있고 내리막도 있는 것이제
항시 좋타요, 그런 맴으로 더 독하게 살아야제
젊디나 젊은 사람이!"

술잔은 연거푸 쏟아지고, 구절양장 같은 여인네들의

인생사가 펼쳐지고, 늦게 합석한 두 남정네의 파란만장
까지가 진도의 겨울 밤바다에 끝도 없이 이어졌다
공짜 술에 취한 나에게, 이담에 꼭 다시보자는 말과
함께 택시비까지 쥐어주며 그들은 떠났다

나는 그곳에 죽으러 가지 않았지만
다시 살아 돌아왔다

억새꽃

바람 속에
핀 그대

얼마나 멀리 가려고

그토록 오래
하얀 손을 흔드나

오늘, 그녀는 매콤한 편 외 2편

안 재 홍

날씨가 우울해도 그녀는 명랑해요
어디에도 기울어지지 않아 청량하답니다
더위가 무서운가요
눈빛이 무서운가요
발가벗고 뛰어 갈 수도 있어요
달고 짠맛을 즐긴 날도 있지만
손끝이 맵다는 칭찬을 들은 후로는
매콤해지기로 결심했지요
새콤한 맛도 생각해 봤지만
신맛을 싫어한다는 사람 때문에 포기하고 말았어요
그는 매콤한 닭볶음탕을 좋아했지만
채식을 하는 그녀는 슬그머니 젓가락을 놓았어요
그녀는 떡볶이를 좋아해요
식탁 위의 접시가 제자리를 고수하자 그는 떠나갔어요
손가락 마디 사이가 저릿하더니
바닥을 짚고 일어서려는데 잠시 휘청거렸어요
이럴 때에는 유연한 생각이 필요해요
쓴맛의 눈물이 울컥 솟아났지만
눈물조차 매콤해지기로 했기 때문에 꾹 참았어요
슬픔도 통속의 부분이니까 한 스푼 덜어내고 나면

그런대로 통통 튀는 기분을 되살릴 수 있어요
변두리 작은 건물에 가게를 열고 매운탕을 끓여
한 국자씩 떠서 상처마다 뿌려줄 겁니다
매콤한 그녀가 둥둥 떠다니는 오늘,
빨간 장미 덩굴이 담벼락마다 함빡 피어났어요

긴 침묵을 어떻게 견뎌야 하나요

안녕, 젖은 저녁도 나쁘진 않아
현관문 손잡이를 잡고
다정하게 인사하며 집을 나서는
뽀얀 이마가 투명하게 빛난다

마당 너머 잿빛 구름 속으로
새 한 마리 포르릉 날아오르고
시월의 나무는 시나브로 이파리를 떨구어
우듬지가 보일락 말락 아득하다

거리는 사람들로 물밀듯이 넘쳐나서
너와 나의 간격이 따로 없고
공기의 밀도는 최고조
쓸모를 잃은 길만 저 홀로 위태롭다

오늘은 특별한 파티가 필요해요
그녀와 친구들이 붉은 말들을 쏟아내도
귀 기울이는 사람이 없어서 좋다

세상은 유행과 돈벌이에만 골몰할 뿐
은밀한 곳에만 신경을 쓴다

단정하게 묶은 머리카락이 헝클어지고
한순간 모두 무너져 내린다
가슴이 아파요 숨이 막혀요
남은 말들을 마저 흘리려고 하지만
머릿속이 심한 파동으로 터질 듯 마구 흔들린다
그 흔한 경광봉 하나 보이지 않는 밤
가슴이 아파요 숨이 막혀요

까무룩 정신이 몸을 빠져나가는데
새들은 망초꽃 꽃무리 사이를 나지막하게 날더니
꽃그늘 아래로 하나씩 사라져 간다

귀가를 기다리던 사람들에게도
무섭게 신열이 올라오고
새들이 떠나간 자리
비릿한 눈물의 냄새가 전염병처럼 번져간다
불현듯 막막한 하늘에서 천둥비가 내리기 시작한다

둥지를 틀어도 좋을 것 같은

나의 혀끝은 탄식으로 암울했으나
그의 입술은 달콤한 포도 알갱이
쓴맛을 가져가서
처음의 아래로 흘려보낼 줄 안다네

두 손은 흰 백합꽃 같아
그 손을 잡으면
물푸레나무 싱그러운 가지가 되어
손바닥 가득 푸른 강물을 출렁이게 하지

뜨겁지도 차갑지도 않은 너른 가슴에
머리를 기대기만 하여도
아기처럼 스르륵 잠들 수 있다네

있는 듯 없는 듯하여
고개 돌려 두리번거리면
멀리서 사려 깊은 눈으로 따스하게 바라보고 있어
한쪽 발로 절뚝거리며 길을 걸어가도
불안하지 않게 만드는 사람

안부를 묻는 가난한 꽃씨 하나
그의 몸 어디에든 품게 한다면
차디찬 바닥으로부터도
꽃꽃하게 꽃 한 송이 피울 수 있다네

꿈이 묻었던 자리는 외 2편

유 나 영

꿈이 묻었던 그 자갈밭에 가게 되면
길섶엔 꽃 피어 돋아난 자리
그 자리엔
자갈밭이 보이지 않는다
꽃 피던 길엔 꽃이 보이지 않는다

문명이 와서 꿈을 앗아갔고
나의 꿈 자락은 남루해서
빗물이 젖는 채
꿈의 자갈밭엔 아스팔트가 놓여 있다
꽃밭엔 아스팔트가 기다랗게 이어 있다

한꺼번에 몰아닥친 세월의 길이가
너무 길다
너무 길고 무거웁다
꿈은 문명으로부터 박해당하고
경이의 자연은 소멸되어 있다

한두 개 번쩍이는 별은
자갈밭에 꽂히지 않는다

질컥대는 길섶에도 꽂히지 않는다

가을 단상

가을인데요
적요롭게 설레는데요
달빛은
개울 물가에 떠서 놀고 있습니다

콩밭 모서리에 끼인
바람이
움츠린 세월을 불러 놓고
정 하나에 밀린 사랑
어머니의 음성도 불러 놓고 있습니다

먼 곳으로 굽이쳐 오는
어린 시절이 수줍음도
발을 짜 늘인
달은 적적한 날을 불러
쓸쓸해하고 있습니다

단 한 번의 이야기

내게 단 한 번의 포근함이 있었다면
그것은 내 유년을 키운
고향의 동산일 것이다

내게 단 한 번의 노래가 있었다면
동화 같은 이야기 엮어낸
고향 뜰의 하얀 눈발과
아이들과 어울리는 풍경이었을 것이다

내게 단 한 번의 그리움이 있다면
정 묻고 떠난 사람의
웃음일 것이고
그 웃음 따라 헤매는
삶의 반란일 것이다

내게 단 한 번의 사랑이 있다면
모두에게 버림받고
가난에 우는 사람
그 사람의 고단한 삶의 출구를

발견한 자리일 것이다

당신이 숟가락으로 퍼먹는 것들 외 2편

윤 선 길

16테라바이트가 단돈 4만원
온 동네에 깔리면 그게 정석이어서
광고가 여기저기 나가는군요

거짓말이 반복되면 진실이 된다는 사람들도 있었습니다
이제는 거짓말을 속담으로 만들고 싶다는 사람들도 있으니

결과는 증명되지 않습니다
계속 누적되는 인터넷 글
안보입니다, 앞의 글의 평이 도무지

어제 봤던 글 또 올라오고
복붙이란 말로 식상해져서
더 이상 기능하지 않는다면
맞춤처방이 있습니다

겉모습만 조금 바꾸면 다른 게 되기에
이게 같은 거냐고 묻는 이에겐
장사가 없습니다

괜히 시비 터는 진상이 되는 겁니다

다만 욕을 한 번에 먹지 않고
한 숟가락씩 퍼먹으면 되는 것입니다

당당한 불량제품은
매일 날짜를 바꾸면서 광고됩니다
그렇게 소비자에게 배설물을 처먹이는 재미를 느끼며

흐뭇하게 보고 있는 누군가
당신이 사고 있는 그것
무엇인지 알고 드십니까?

치워라 저 동상

세종대왕의 동상을 바라보며 생각 한다
나도 저런 나라를 편안하게 하는 지도자가 될 거야
라고 하면서 주워드는
한 움큼의 생각은 무엇인가

당신이 그의 모습에 천착한다고 말하는데
누워서 그의 어록을 천천히 베낀다
그게
그의 모습을 닮아가는 것인가

그의 모습을 뚫어지게 바라보는 당신
혹시 조각뿐인 외형을 멋있다고 감탄한 거 아닌가
그의 진정한 마음에는 뭐가 있는지 관심도 없이
그를 닮아가겠다고 외치며 자라난 수많은 당신들의 정치가
황폐화시킨 이 마을

세종대왕이여
당신은 겉모습만 아름다운 군주였군요

이 시대와 그 시대의 모습은 판이하게 다르고
우리는 당신들이 조각해놓은 세종대왕의 말을 원망하며
세종대왕의 이상이 선포되는 이 세상을 저주한다

영혼 빠진 우상으로의 왕들이 난립하고
코스프레 컨테스트만 진행된 다음엔
군림하는 악마만 골라서 변태되는 이 세계의 선거가
치러지는 이 나라엔

저 동상을 치워버리는 게 낫지 않은가

나를 던진다
—故 표예림씨 조시

현재에선 내용증명을 자꾸 보내는데
과거로 보내면 반송되는 내용증명
미래에 걸 희망은 내 몸뚱이밖에 없었다

두들겨 맞고도 위증당하는 나의 몸뚱이
확실하게 미래에 너희들을 새길 수 있는 방법이 어째서 이것뿐인가

한숨 속에 흩어질 글 몇줄 남기고
흘러가는 세찬 물결에
상처를 씻어 내리려 한다

나의 길보다 더 험한
누군가들의 눈물에 튀겨져
퉁퉁 불어버리고 나면
알 수 없을 정도로 잊게 될까

알 수 없는 미래로
나를 던진다

연말 작품 세편만 보내라는 그중 첫째편 외 2편

이 광 호

ㄱ(기역)을 글읽는데 왜 기역이랄까?
기윽이 아닌
니은 디귿 리을 미음 시옷만 잠시 옷이다가
나머지 히읗 끝까지 모든 닿소리
으모음이라

그런, ㄱ(기역)을 윽이 아닌 역이라 함은
기역을 거꾸로쓴 니은자가 됨으로
기역은 괭이 닮은 그래서 땅을파고
씨앗을 묻어둔 비우모음 움을터
가꾸어 자라올라 열매맺으면
니은 낫으로 바꿈질 거둠이니 그런

기역과 니은의 가장 오랜 말바꿈 ㆅㄷㅙㄴ
낱말 하나 예를들면
먼-옛날 우리조상님들 유목민 시절
순록이 먹은 이끼를 바꿔먹은
아직까지 그 때문에
날마다 먹는 끼니라 부르는
우리 아닌가

동지섣달 내린눈
오뉴월 곡비되어 풍년든다는
곡글자 거꾸로 쓴 눈글자
눈글자 거꾸로 쓴 곡글자요
국글자 거꾸로 쓴 논글자
논글자 거꾸로 쓴 국글자라

기역 니은 부지런히
으모음 지평선 근글자 해마다
근근히 돌려먹은
이런저런
그외에도 또 여럿 있지만
이만하면 ㄱ(기역)을 기윽이 아닌
기역이라 글쓰고 부름이
당연하다 않을런지

연말 작품 세편만 보내라는 그중 둘째편

사람이란 낱말의 시옷자음은 한자의 사람인과

글자의 모양이 왜 똑같을까? 아직은 저의 부족한 지식으로서는 지금 당장 상세히 풀어낼 수 없어 다음 또는 다른분들께 미뤄두기로 하면서 이어서

사람을 줄인말은 삶이되고
삶이란 또 살미음이니
미음 먹다 자음으로 먹어야 살아가는
그것은 곧 사람 사는 근본이라
그런 삶에서 시옷을 살짝 떼어낸
앎이란 알미음 즉
알곡을 가꾸어 먹을 줄 앎이 곧
'알다' 라는 지식의 출발점 이었으니

한글이 생성된 대부분의 말마디는 이렇게
농업이랑 밀접하게 연관되어 있지 않았을까?
특히나 한글의 기본이되는
모든 홀-닿소리 글모양을
살펴보면 볼수록

그렇다고 밖에 말할 수 없는데

아! 참으로 아쉽고 아쉽다
한글 속 모양글 이대로
간절한 혼자 외침 만으로
멈추고 말아버리기엔

연말 작품 세편만 보내라는 마지막 편

나라 주인의 주는 임금주일까? 그래서
성서를 번역할 당시 우주라는 말과 함께
주님이라 부르지 않았을까?
주라는 말을 모양글로 살펴보면
주는 지읒우로 지읒은 땅지의 자음이니
땅에다 비우모음 즉 비를 내려주는 분이
주인이요 주님이시라 그러니
돈빌린 빚이 아닌 비지읒 땅에다
비를 내려주는 주인님께
모든 지구상의 생명체는
빚지고 살아가면서도
그 빚을 갚을길이 없다가 끝내
죽음에 이르러서야 주기역
기역은 땅을 파는 괭이닮은 모양글로
죽음을 땅에 묻어 새로운
영혼이 다시 움트라
간절히 바래면서
마침내 빚을 갚는다

오래된 밭 외 2편

이 선 유

텃밭에 앉아 그녀가 김을 맨다

뾰족뾰족 올라오는 쪽파 부추 상추
이제 막 꽃을 피운 고추도 뽑는다

힘들었다는 듯 허리를 편다

소멸해 가는 기억을 부려 놓은 듯
밭고랑에 풀과 채소들이 뒤엉켜 있다

당신의 텃밭에는
쇠비름 몇 포기 명아주 몇 포기
가물가물 떨어져 가는 부스러기들
바람에 주억거리고 있다

평생을 논밭에 손발을 묻었으니
햇살 닿는 곳은 모두 그녀의 영역

희끗희끗 마른풀 날리며
비워지는 기억을 마저 털어내고 있다

가끔은 엄마 닮은 나를 엄마라 부르며
잇몸으로 웃어주는 해맑은 얼굴

그래도 아직
나를 상실하지 않아서 참 다행한 일이다

사막의 저녁

먹빛을 거느린 밤은 왜 이리 먼가
너무 밝아 어두운 대낮의 거리는 왜 이리 아득한가
높은 빌딩은 그에게 더 큰 그늘을 안겨 줄 뿐

별이 뜨지 않는 지하방
골목에 버려진 폐지는 이곳으로 모여들고
끼니마다 한 움큼의 모래바람이 지나갔다

오래전 흩어진 가족들
이 사막에서 족적을 찾는 일이란 불가능하다
닫힌 입처럼
귓문을 닫아버린 그의 얼굴에 그늘 꽃이 피었다

아무도 그의 비루한 앞날을 묻지 않았다
막다른 구석마다 눅눅한 옷가지
몇 겹 껴입고도 냉기에 떨었다
그때마다 모래바람에 눈앞이 흐려지고
그는 사구에 잠기고 있었다

늙은 낙타 한 마리
오래도록 발효된 시간을 끌고 세상 밖으로 걸어 나왔다

제 주검을 끌고
멀고 먼 오아시스로 떠나는 그 앞에
모처럼 골목이 들썩거렸다

나무는 손의 유전자를 가졌다

나뭇가지는 손의 습성이 있지
허공을 짚어가며 몸통을 부풀리고 키를 키우며
제 영역을 넓혀가는 나무
그런 방식으로 허공에 집을 짓지

날 선 톱날에 몸통이 잘려도
습성은 그대로 남아
누군가의 등을 긁고 있지

어쩌면 아버지도 나무의 후예였는지 몰라
한자리에 눌러앉아 둘레를 키우며
가지를 뻗고 무성하게 잎을 달 듯
일평생 제자리를 고수하며
묵묵히 자리를 지키던

병상의 당신은 통나무였지
밑동이 잘린 채
관절마다 울퉁불퉁 마른 등걸로 남아 있던

그때 꼭 한번 그 손을 만져보았지
옹이 진 마디마디 삭정이 같던 손

등이 가려울 때는 나도 모르게
마음이 온화한 아버지 손이 생각나지

범도 루트* · 1 외 2편

- 백하(白河) 월출

이 송 우

선비 귀족 가문 울지씨
퉁구스어로 읽으면 이리, 그래 이씨가
말달리던 곳

어디 하나 몸 숨길 데 없는
간도 벌판에
달빛이 쏟아져 내렸어

백두산 온천의 밤
옥토끼는
맨몸이 부끄러워
방아를 던지고 숨었나 봐

망원렌즈 속
얼음같은 달 표면
팔자 주름의
토끼 얼굴만 보여

범도의 길을 따라
누가 여기까지 온다면

북간도 노천탕에선
당신과 나처럼
온몸으로 입김을 뿜겠지

흑룡강 백주잔을 높이 들고
이도백하의 달빛에 취해
보름의 당신은
반쪽 얼굴이 되어 어둠에 들고
새침한 초승의 나는 보름이 되도록

하얗게
하얗게 눈부실 테니

*소설 『범도』의 작가 방현석 선생, 문예 비평가 김미옥 선생, 문화인류학자 강주원 선생이 이끈 역사 · 문학 기행. 2023.11.17-21, 4박 5일간 홍범도 장군의 독립군 부대가 갔던 북간도와 서간도 일대, 압록강 하류와 여순감옥의 대련 지역을 찾았다.

범도 루트 · 15
- 화양연화

우리 어디서 만난 적 있었나요
입 밖으로 나오지 못한 말이 하얗게 얼었어요
겨울비 내리는 밤, 당신이 그랬어요
세상이 지금 끝나버렸으면
시간이 여기서 사라져버렸으면

우리 어디서 만난 적 있었지요
맞아요, 당신은
이제 다 녹았네요 나는
까맣게 사라졌고요

세상 누구보다도 아름다운 날에
나는 잊혀질 사람
아세요, 우리는
이렇게 완결된 사랑이었어요

여주산 케이에스 No.5

케이에스(KS)가 만든
여주산 다섯 번째 와인을 마시기 위해선
편견과 편향을 은퇴해야 하네

네 번은 말아먹어야
시절을 마감하는 술 한 잔, 케이에스
경석이의 한국산업표준
천연 막걸리를 내릴 수 있네

첨가물을 섞지 않은 건
신맛이 여운을 남기기 때문
강물 위로 번지는 일출처럼
잡티 하나 없는
진홍빛 와인, 케이에스 No.5

여주에서 키우는 누룩처럼
이십 년 숙성 영업맨이
느리게 익다보면

와인인지 막걸리인지
경석이 발효주를 맛보다가
은퇴한 세상을 지워가겠고

선경아 너는 아니 외 2편

이 장 호

말 줄임표 사이에서 아무 말도 생각나지 않을 때 따옴표로 말하는 너를 생각해 어디서 뚝 따오는 말인지 궁금했거든 주렁주렁 걸린 말들을 능숙하게 따다가 삭힐 건 삭히고 무칠 건 무쳐서 내어놓는 건 손님을 좋아해서일 거야 나는 갑자기 찾아오는 말들을 맞이하는 게 서툴거든

아들이 회장 선거에서 떨어졌대 일곱 명이 나왔는데 키 큰 애가 회장이 됐다지 뭐야 나 참 황당해서 새 학기라서 서로 모르니까 힘센 친구한테 투표하는 거지 정말 민주주의는 어이없는 결과를 만드는 것 같아

손님은 이제 막 여행을 시작한 것처럼 들뜬 말들을 어질러 놓고 있었어 사실 나는 먼저 왔던 손님이 남겨둔 과일이 익어가고 있어서 씨앗에 관한 생각을 하는 중이었어 너라면 막돼먹은 슬픔에 대해 뭐라고 말을 할까

과자 씹는 소리가 눅눅하게 들렸어 수분이 하나도 없는 눈물은 마르지 않는 걸까짭짤한 과자를 먹어서 바다에 가고 싶었어 달콤한 말들은 거기에서 서늘하게 말라가거든 돌아오는 길에 축축한 말들은 덕장에

널어 두고 올 거야

입술을 떠난 말은 돌아오지 않는다고 해
라떼 거품을 저으며 눈이 올지도 모른다는 말을 해 버렸어 기다리지 않아도 돌아오는 시간처럼 막무가내로 절망을 마셔버렸거든

나는 이제 마침표를 땅땅땅 찍을 거야 말끝을 흐리거나 생각에 잠기지 않으려고 해
점이 하나이면 마침표이고 세 개이면 마음을 결정했다는 거야 나의 민주주의는 그렇게 시작되고 있어

의사당 가는 길

어여쁘고 우울한 꽃잎을 모은다
물을 뿌리고 물과 함께 배수구로 보낸다

예쁜데 안 치우면 좋겠어요

햇볕 쬐고 하루가 지나면
형체도 없이 흉측해지는데
그 모습은 아무도 못 보게 해야지

꽃비 한 번에
치운 곳이 다시 꽃잎으로 메워진다

꽃길을 걷고 싶어요
지지 않는 꽃들이 반짝이고
꽃잎도 푹신해서 맨발로 걷는 길

지나온 꽃길을 부탁해요
향기롭게 깨끗하게 치워 주세요
한 번 유명해지면 다음에도 찾는 이가 많으니

꽃길은 더 쉬워질 거예요

꽃은 다르지
잠시 피었다 비켜 주지
열매가 남잖아

꽃의 뒷모습을 모르지만
누구나 뒷모습은 비슷하지 않나요
말없이 무표정하게 멀어져 가는 거요

윤중로가 여의서로로 바뀌는 계절이 오면
사람들은 곧 잊을 거예요
꽃이 있었는지 뒷모습은 어떠했는지

겸손은 힘들어서 플렉스

의사는 포기할게 고양이는 괜찮겠어?
네 발끝에서 한 마리 병원에서 한 마리
까만 것과 하얀 것 아무나 입으면 되지

스포츠카를 가진 적이 없지만 운전은 할 수 있어
플렉스는 좋아서 하는 거야 화내지는 말아 줘
인턴은 아니지만 표창은 있어 누구에게 던져줄까?

사진만 올려도 슈퍼챗이 쏟아지지 절반은 성금으로 내놓을게
도와달라고한 적 없어 그냥 쏟아지는 거야 별이 빛나는 밤

그날이 좋아서 좋아요 했고 오늘이 좋아서 좋아요 했어
몰라서 모른다 하고 싫으니까 싫다고 했어
모르는 것도 싫은 것도 내가 하면 모두 플렉스

그럴 의사가 없어요 하고 싶은 것도 아니어서
갖고 싶은 것도 아니라서 반납하고 입을 막았어
겸손하게 기뻐했어 기뻐하는 사진을 올렸지

날마다 별이 쏟아지는 그림을 배경화면에 깔았어
배경이 중요한 걸 별이 쏟아지고 나서 알았어
이제 내가 배경이 되어보려고 해

선모초 외 2편

이 정 희

시월과 함께 유정을 만나러 실레마을에 갔어요

생가에 들러 사랑채를 돌아 안채로 들어 갔지요

유정은 가고 없고 뒤란에
빠끔히 얼굴 내민 선모초 여인을 만났어요

소복을 입고
수줍은 듯 당당한
청초하면서 기품 있는 그녀는
멀리서 찾아온 손님들을 말없이 반겼어요

장가도 못가고 요절한 천재아들을 못잊어
빈집에 백년을 지고 피고

폭풍우에 몸을 낮추고
바람의 얘기에 귀 기울여
누구도 대신할 수 없는 어머니 자리를
꿋꿋이 지켰어요

올해도 변함없이 그 자리에서
서러운 노래를 삭히고 삭혀
별처럼 빛났지요

애틋한 사랑의 향기에 취해
발길 재촉하는 시월도
눈 멀고 귀가 먹어 꼼짝도 하지 못 했어요

호수가 출렁이는 이유

바다도 강물도 아닌 호수는
배경들로 더욱 또렷해 졌어요

그들은 멀리서 호위하듯 호수를 감싸 안았어요

파란 가을 하늘과
알록달록 옷을 갈아입은 산들과
언덕과 깊은 계곡들은
빼어난 솜씨로 호수의 부러움을 샀지요

배경들은 소문을 타고 천지사방으로 퍼졌어요

둘레길은 금세 사람들로 출렁거렸지요

출렁다리는 출렁대며 사람들을 건네주고 있었고

오리배와 카약들도 수면 위를 출렁 댔지요

추억을 연주하는 색소폰 소리도

수면에 뛰어 들어 출렁거렸어요

급행열차처럼 달리는 가을에 편승해
출렁거리는 것들로
호수는 솟구치는 격정을 주체할 수 없었어요

홀로 가라앉아 깊어지려 했던 호수는

절정을 사는 단풍과 사람들을 품고 여전히
출렁이고 있었어요

공중과 바닥

모과인 나는 공중의 시간을 견디지 못했어요
떨어지는 건 순간이었어요

폭풍우가 휘몰아치던 날 밤
애써 버텨 보았지만 허사였어요

상처투성이 되어 위를 올려다 보았어요
아무 일도 없었다는 듯 대롱대롱 매달린 친구들은
황금빛 태양을 바라보고 있었어요

떨어져 보고 알았어요
한 번도 바닥을 생각해 본적 없었다는 걸

허공 속에서
바람과 새들의 속삭임에
마음을 빼앗겼지요
공중과 바닥의 거리를 몰랐어요

강아지들과 아이들은 돌덩이 같은 나를 밟고

비벼대고 던지고 왁자지껄 했어요
바닥 위에 뒹굴던 나는 벌레에게도 먹히는
세상모르는 얼굴이었어요

그럴 때마다 바닥은 나를 위로해 주었지요
이제는 더 이상 떨어질 곳이 없다고

떨어진 후에 비로소 바닥을 알았어요

공중은 내 향기를 흩뿌려 놓았지만
바닥은 내 향기를 받아 주었어요

공중에서 불안에 떨던 나에게 바닥은
내 주소가 흙이었다는 걸 알게 해 주었어요

압화押花 외 2편

이 중 동

시간도 공간에 오래 가두면 숨이 멎는다
지나간 기억을 제 안에 감금한 채
빈방 얼룩 벽에 걸려있는 괘종시계

저 침묵은 누구의 임종을 닮았는지
희미한 기억조차 소환하지 않는다

새벽을 여는 미명과 오후의 그늘
달빛마저 차단한 어둠을 켜켜이 숨긴 채
긴 잠에 빠져있다

그리운 이름들 늘어진 태엽에 감고
분주했던 날들 소리쳐 불러도 미동 없는 시계추

이 방에만 들어서면 호흡이 빨라진다
창살에 갇힌 고요의 입술로
전하고 싶었던 마지막 한마디,

천둥의 긴 꼬리와 유성의 흔적을 찾을 때까지

가는 신음으로 시침을 밀어 올려본다

정지된 맥박을 고쳐 짚고
침묵의 길을 끝내는 날까지
기진하게 걸어갈 발바닥의 흔적이 아프다

대답 없는 이름을 다시 부르면
수만의 생채기들 아물 수 있을까

지나간 통증을 벽에 가두고 벽이 된 괘종시계
그 침묵은 잊혀진 압화의 긴 울음이다

라싸로 가는 길

자벌레 한 마리 허공에서 뚝 떨어지네
낭창한 걸음으로 어깨선을 따라 내 몸을 더듬고 있네

꽁무니를 치켜들자 몸이 활처럼 휘어지네
조준 없는 화살을 숲속으로 쏘아대네

과육을 도려내던 날카로운 손이 화살을 피해 가네
상처 입은 성체는 아프고 칼을 잡은 손은 화려하네
비명이 죽비처럼 소리치네

주둥이를 치켜들자 몸은 천 길 사슬로 뻗어나네
눈금 없는 사슬이 내 그림자를 친친 휘감네

심장을 쿡쿡 찔러대던 세 치 혀가 사슬을 끊고 있네
혀는 장검처럼 길고 선혈은 잉크처럼 검푸르네

욕망의 비계 층을 핥으며 주둥이가 지나가네
한 겹씩 구워대던 열판이 범종처럼 식어가네

눈알의 깊이를 가늠하며 꽁무니가 뒤따르네
쇠못을 박으며 눈알들이 무간지옥으로 떨어지네

계戒를 받듯 두 손을 합장하네
오목한 자궁 속으로 묵은 청춘이 들어가 눕네

라싸로 가는 길은 멀고 광배는 산안개 속에 흐릿하네

아보카도 싹 틔우기

뿌리는 눈물처럼 길고 깊다

아보카도 한 개 배달되었다
발신자도 없는 이국의 생물이
긴 항해를 끝내고 초인종을 누른다

귀빈을 모시듯 머리를 조아리며
두 손으로 받아 든다

생채기 난 살갗을 더듬으며 소인을 찾았지만
누군가의 눈썹 같은 라벨만 붙어있다

무뎌진 칼날로 과육을 발라내니
견고하던 그리움이 한순간 쏟아져 내린다

지도를 펼치자 태평양 너머 숲속에서
발아를 기다리는 네가 웅크리고 있다

종지에 물을 붓고 둥근 씨앗을 얹는다

헝클어진 타래에 감긴 너의 숲
싹을 틔우려면 몇 종지의 눈물이 필요할까

곡우 지나고 망종이 지나고
나의 눈빛은 엉킨 타래를 풀지 못하는데

너의 숲속 깊은 곳
눈물 먹은 나의 아보카도 한 개
거룩히 싹을 틔우고 있을 것이다

삼각형공식 외 2편

장 혜 승

우렁찬 울음으로 첫 문을 열고 나온 꼬물이

살피더니, 고개를 가누더니, 뒤집더니, 앉더니, 기더니, 섰다 비틀거릴 때마다 바닥을 짚어 삼각형을 만든다

두 번 넘어지면 네 번 일어서고, 다섯 번 넘어지면 열 번 일어서고, 일어선 대가로 얻은 이마와 뒤통수의 혹부리들이 목젖을 내어 밀고 도리도리 웃는다

하나 남았다 험준한 세상으로 나아갈 첫 걸음마
앙증맞은 발가락들의 단결로 왼발이 나섰다 비틀, 꼭짓점 조금 낮추고 삼각형을 만든다 무엇을 빼고 무엇을 더했는지

바른발이 새로운 시도에 나섰다 다리와 다리사이 달랑이추가 중심을 잘 지켜준 덕분이다 바른발 따라 왼발도 나선다

고 작은 달랑이추가 흔들릴 때마다 지구가 온통 흔들리는지 바닥을 짚는다 무엇을 곱하고 무엇을 나누었는지 점점 반듯해져가는 꼬물이의 안전한 삼각형공식

그래, 지금의 안전은 바닥이야 역전逆轉놀이터

화원지기가 봄볕 아장거리는 뜰에 어린 나무를 다독여 심고 삼각대를 세워 준다

수정체를 바꾸다

함부로 써버린 수정체가 수정을 거부해서
첨단 인공 수정체로 바꿔 끼웠다

동공이 열리는 순간
괴물이 되어버린 내가 거울 앞에 서 있다
세월 참 쭈글쭈글 깊게도 다녀갔구나

첨단으로 가는 사물들은
머리와 다리가 여럿 달린 날짐승이 되어
어제 거울에서 내일 거울의 징검다리 건너와
동공을 점령하고

새로운 창으로 구석구석을 보는 내가
곳곳에 눌러 붙은 얼룩이고
아무데나 널브러져 있는 길고 짧은 터럭이다

꿈 파실래요?

사슴뿔 흑용 한 마리 와락 안겼다
황금달덩이 치마 속으로 급히 들고
수초들이 늪을 차고 따옥따옥 날아올랐다

남실바람 따라 징검돌다리 건너니
너럭바위가 불덩이 나를 안아 저의 온기로 녹여준다
그와 나의 온도가 숨 가빠 질 때
족두리 쓴 함박구름 애절한 목소리로

꿈 파실래요?

헐값에 덜렁 팔려간 덜 여문 꿈은 난산 끝에
입만 커다란 조가비들 왕창 쏟아냈다
짙푸른 하늘 온통 조가비들 판놀음이다

축제는 황홀경으로 치닫고
귀를 막은 징검돌다리들이 저무는 쪽으로 돌아앉아
물살 매를 맞고 있다

속엣 말 후련히 쏟아낸 조가비들 입을 다물고
징검돌다리 가만가만 건너가고
아랫배 홀쭉해진 나 홀로 에움길 앞에 오도카니 서서

꿈 되파실래요?

'부부' 가 '붑' 이 되기까지 외 2편

정 대 구

예수님은 결혼도 못한 서른세 살 젊은 나이에
십자가에 못 박혔다 하고
부처님은 야소다라비와 결혼하여 아들 라훌라를 두었다지만
아직 달콤한 신혼이나 다름없는 29세에 집을 나왔다 하고
공자님 역시 외아들 鯉를 낳았지만 집에 붙어 있지 못하고
상갓집 개처럼 세상을 떠돌았다*하니
일찍이 장가들어 생기는 대로 아이 낳아 키워내고
은혼 금혼을 넘어 회혼을 바라보는 나는 누군가
젊었을 때는 아옹다옹 티격태격 사랑싸움도 하면서
우려내는 퀴퀴하고 시금털털한 맛 묵혀왔지만
나이 들어갈수록 점점 심해지는 눈 흘김과 꽥 소리 지름
온갖 참견 그 많은 구박 다 받아가며 까닭 없이 들들 들 볶이며
일방적으로 당하기만 하는 결혼생활 힘들어
하루에도 몇 번씩 이혼을 꿈꾸며 꿈으로 끝내고
모멸과 수치의 나날을 살아가는 나 왜 사는지
전지전능하고 대자대비하고 생이지지했다는 그들이 알까
다른 건 몰라도 애송이 예수님은 나를 이해하지 못할 것이고
결혼 초반에 가정을 버린 부처님도 마찬가지 나를 모를 것이고
가부장적 권위만을 앞세워 마나님을 쫓아낸 공자님도 다를 게 없어

쇠심줄같이 질기디 질긴 부부의 끈을 이어가며
부부夫婦가 부부婦夫로 어느 새 자리바꿈하고
다시 부夫의 존재가 마모되어
부부는 일심동체 부부婦夫가 둘 아닌 붑이 되기까지
견디어온 아픔 정말 장하다 할까
어리석다 할까
21세기 대한민국의 남편들
실은 부처님 오신 날이면서 부부의 날인 오늘
몇 송이 꽃을 바쳐 볼까
맛있는 외식으로 유도해 볼까
몇 번의 경험으로 미루어
일심동체一心同體는 결코 쉽지 않아
백방百方이 백방白放으로 끝날 수도 있어
붑의 꿈도 물 건너가고
말짱 도루묵 나무아미타불 아멘
나무관세음보살 아멘

*사마천의 사기 공자열전에서

나, 나의 반성 나의 맹서

나, 나라는 사람은 나쁜 사람입니다
밴댕이 소갈머리에 쥐머리에 소견머리 소갈딱지 없고
방정맞고 게으르고 못 참고 못 하나 못 박는 무엇도 할 줄 모르는 무능한 사람
남을 배려 못하고 저만 아는, 저만 위하는
이루 다 말할 수 없이 아주 나쁜 사람입니다 나는

평생 살을 맞대고 살아오며
가장 가까이서 나를 지켜봤을 내 아내의 입에서 쏟아져 나온 말들이니
맞겠지요 나는 정말 밥만 축내는 나쁜 남편입니다
이루 다 말할 수 없이 아주 나쁜 놈입니다

남들은 나를 순한 사람 편한 사람 양보할 줄 아는 사람 너그러운 사람 마음 넓고 이해심 많은 사람 적응 잘 하고 잘 참고 잘 견디는 사람 어쩌고저쩌고 말들 하는데

다 틀렸습니다
나를 아는 대부분의 사람들
오랜 고향 친구들 오랫동안 같이했던 직장동료들 오랜 제자들

상당한 이해관계가 얽힌 사람들 오다가다 한두 번 만난 사람들까지
남들은 남들일 뿐인데 날 알면 얼마나 알겠습니까
다 틀렸습니다 그게 아닙니다
이십 초반에 만나 팔십 넘도록 오랜 세월동안 시간과 공간을 같이 쓰고 나눈 내 아내
그 누구보다 나를 잘 안다는 내 아내는 이 모두를 한꺼번에 다 부정합니다
모두 틀리고 그 반대입니다
아내의 소신은 오로지 그 반대말입니다

슬픈 일입니다 나는 지금 아주 슬픕니다
앞으로 남은 세월동안 우선적으로 아내에게 더 잘해야겠습니다
만인에게 인정받기보다
단 한 사람 내 아내가 눈곱만치라도 긍정해 주는 말을 듣고 싶습니다
나는 애처가인가요 공처가인가요

아, 이 시각부터 애처가요 공처가
나를 오롯이 비우고 오로지 아내에게 올인, 어린 양같이 순종만 하겠습니다

난방비

외출할 때 입어야할 외투를 방안에서 입는다 나는
그럼에도 불구하고 오랫동안 각방을 쓰는 아내는
내방에서 난방비를 올린다고 투덜댄다

'어허, 오늘부턴 합방합시다'

한강 외 2편

정 안 덕

바라다 보이는
저만치

물결은
속살거리는
윤슬

아침으로
하얀 바람 옷
시폰 걸치고

저녁으로는
붉은
망사 입고

기울어지는
해를 배웅하는

우리들의
어머니

나를 찾으려

어스름이 짙어오는
시월의 마지막 토요일

대웅전을 지나 미륵전으로 올라가는 길
어둠을 밀어낸 불빛
천당 꽃길인 양 환하다

바람에 흔들리는
빨강 노랑 파랑

후드득
스치는 빗방울은 누구의 간절한 눈물인가

나를 찾아 고즈넉이 걷는 길

도시는 대 정전이 일어난 듯 깜깜한데
정성을 모아 켜놓은
소원의 촛불, 끝임 없이 속살거리고

갸웃거리며 졸고 있는 국화꽃 사이로

부처님 발자국소리 들리는 듯 들리지 않고

나는
내안의 나를 찾으려 두 손 모아
합장하며 백팔 계단의 속삭임에 귀 기울인다

양수리

연일 장대비를 쏟아 붇는다
거센 황토 물살에

통나무와 스티로폼, 플라스틱, 빈병 들
신음소리를 내며 두물 세물 떠내려가고

똬리를 풀고 휙휙
연 밭을 헤엄쳐 나온 회색 뱀
내 발걸음에 축지법을 걸어준다

멀리서

깊은 물속을
수직으로 꽂혀 물고기를 잡는다는
가마우지 몇 마리 비행중인 허공

아직도 먹구름은 장대비로
수묵화를 그리는 양수리

갈색 말 외 2편

조 길 성

아직 이름도 없는
갓 두 살 된 갈색 말이
원형마장에서 채찍으로 맞고 있습니다
어린 말은 눈만 예쁠 뿐
아랫배는 축 처지고 근육도 볼 품 없답니다
능숙한 기수가 등짝 위에 올라앉아
마장을 빙빙 돌리려하지만
아직 망아지 티를 채 벗지 못한 말은
다리를 뻗대거나 몸을 뒤틀면서
기수를 떨어뜨리려 하지요
뒤따르던 관리원에게
몽둥이찜질을 당하면서도
영문을 모르는 채
더욱 길길이 날뜁니다
하지만 매에는 장사가 없지요
끝까지 거부하던 드센 몸짓도
미루나무 그늘이 깊어갈수록 풀이 꺾여듭니다
매 맞지 않으려 수걱수걱 기수를 태운 채
마장을 돌아갑니다

이제 얼마 있지 않아 어린 말에게도
슬픈 이름 하나가 주어질 겁니다

고요

도둑이 달빛을 가로질러 건너다가 그림자 밟혀 넘어졌다
검법 중에서도 가장 무서운 검법은 뼈를 자르는 검법인데 그 어떤 고수도 이 고요는 자르지 못한다
삶을 쓰려다 오타를 쳐 사람이 되었으나

내가 쓰고 있는 이 글은 끝내는 데 목적이 있지 않아서 잘못 쓴 유전자 지도를 들고 끝도 없이 한 밤중을 헤맬 것이다

꽃밭에는 꽃들이

꽃 한 송이 심을 곳 없어 마음에 심고 잊은 지 오래 어느 날 문득 잠결에 어른대는 꽃향기 꿈인가 일어나 앉았더니 제비꽃 무더기 얼굴을 씻고 올려보네 전생의 내 아이인가 둘러앉아 젖을 달라네 제비 새끼들처럼 주둥이 벌렸네 돌아보니 수국이 뜰 안에 가득하네 화장기 없는 누이가 살짝 웃어주는데 여기는 누구네 뜰일까 찬 물 한바가지 뜨고 둘러보니 많이 본 집이네 문을 열면 맨발로 뛰어나올 식구들 있겠네 숟가락 부딪는 소린가 설거지 소린가 문고리 잡고 아득해지네

틈 외 2편

최 태 랑

탁자 위 잔이 두 개 놓여 있다
누구의 대화였을까
엷은 림에 묻어 있는 오 간 대화
미처 다하지 못한 말들은
잔속 바닥에 엷게 남아 있다
거두지 못한 침묵은 딱딱하게 굳어
상상도 끄집어내면 처연해 진다

지구별 변방 어느 틈에서 나고 자란 나는
차디찬 윗목에 가슴 드려 넣고
새벽 배를 타고 갔던 어미
곱발 들고 문틈으로 애잔히 바라보았다
어린 내 눈은 어미 등에 붙어
대처까지 따라가다 발을 놓았을 때
흙도 찌르면 아프다는 것을 알아
마음속에 깊이를 꺼내들고 돌아서야 했다

시간 틈을 맞잡는 손이 있었다
그 작은 틈에 숨어있는 외로움

고샅길 같은 틈을 지나
맺힌 마음 풀지 못했지만
스멀스멀 시간이 지워간다

찻잔 속에서 가을 냄새가 난다
탁자 위에 내 잔을 내려놓았다

못

정수리에 나있는 십자표시 나사못

수학자는 함수부호라 하고
아이는 덧셈이라 한다
의사는 배꼽이라 하고
간호사는 적십자라 한다
목자는 성호라 하고
신자는 십자가라 한다
서로 같은 의미 다른 표현이다

못이야 둥그런 정수리를 달고
두들겨 맞는 것이 그의 일상
서로 다름의 두 마음이 서로 잇고 산다
못이 아프다고 지적작용을 한다면 아마,
대가리를 버리고 '머리' 라 했을 것이다

그의 가는 길 끝에는
사막의 형장처럼
몸을 묻고 머리만 내밀고 있다

미뤄 짐작한 나사 십자못은
이미 정수리를 절단하고
흘깃 십자모양을 하고 태어나
가는 길을 다그치거나 윽박지르지 않고
천천히 발자국을 펴내며 들어가
합장하듯 다정으로 이음을 준다

못은 아픔을 받아준 수도자
못이라고 통증이 없겠는가
필연처럼 만나 오욕을 버린 배려로 산다

뿔

뿔이 바다에도 있었다

그 사람 농부가 싫어
남도 장흥 탐진강 하구언에서
대처로 가는 연락선을 탔다지요

고향 두고 어디 가냐고,
바람이 가지 말라고
풍랑일어 돌아서고 말았다지요

파란 바다가 거느리고 있는 파도는
본디 부리기 좋은 소 같은데
끼가 발동하면 발정 난 뿌락지같아
아무데나 들이 받는다지요

그 만만하고도 여린
바다도 어쩔 수가 없었다지요

그 사람 뿔에 받혀

대처에 발 닿지 못하고
고향으로 돌아와
향토 시인이 되었다지요

서울역 25시 외 2편

표 규 현

쓸쓸하고 고요해서 폐기되고
지루하게 이어지다 투쟁 중에 전사하는

살고 싶고 죽고 싶어
그래서 치고받고

네 목숨 지켜보는 내가 죽네

실수투성이 인생
다시 태어나고 싶지 않아

나를 가꾸고 키우려 했으나
태가 나지 않아 포기했지

잠자는데 벌레가 너무 많아

우리 이렇게 살어

배고파

온전히 주고받는 것 쉽지 않아
꼭짓점에 홀로 선다

난리법석 떨다가 간다
너 따로 나 따로

걷기를 멈추고 계단에 누운 녀석들
꿈 같은 것 버려라

사람들 흘낏 눈길 거두고 지나간다
눈비에 젖은 눈동자들 죽어간다

어쩌면 좋아

목소리가 풀잎을 흔들어 날씨가 꿉꿉하더니 활자들이 튀밥처럼 튀어 올라 안간힘으로 푸른 얼굴을 들어 레쓰비 한 잔을 마시면 방금 삼킨 돌을 뱉어내 비틀린 시궁창에 너를 메다꽂고 아무려면 어때 살다가 보면 발바닥으로 하늘을 가릴 때도 있지 술판이 횡단보도를 흔들면 식빵으로 텐트를 치지 돼지가 치과에 다녀와서 의사가 하는 말은 곰탕 같다고 해 김밥에 팬티를 입히고 일회용 수건 대신 휴지로 다리와 가슴을 닦는 집시로 살꺼나 단풍 치마가 하늘을 가리고 붉게 물든 처녀 총각들 품어 안으려고 달려들 때 우리는 팬데믹 박수를 치는 거야 왜냐하면 양수 속으로 조용히 떠오르면서 아이가 웃기 때문이지 창밖에 비가 오는데 해가 뜨고 있잖아

하루쯤

아버지 손을 끌고 안과 검진 받으러 다니는

열다섯 효연이

심청이 인당수에 들어 아비 눈을 뜨게 합소서 하던 때는 아니라도

하루쯤

효녀 되면 어떠리

아비 눈을 대신한 손길 부산한데

따라다니는 노인의 눈이 맹하다

어판장의 소묘 외 2편

허 자 경

그곳에 가면
긴 장화를 신은 아낙들이 어망에 걸린
어둠을 손질한다

반쯤 눈을 감은 양미리들이 아낙을
힘없이 올려다본다
안방의 늙은 느티나무에게
즐거운 밥상을 드리려고
그녀는 물고기의 눈빛을 외면해야 한다
빌딩 숲속의 낮은 집에 사는 막내딸,
그들의 이마에 어둠을 닦아주려고
그물에 걸린 물고기들의 운명을
저울에 달아야만 한다
때론, 그녀의 가슴에 삭풍이 밀려오면
장작불이 겨울을 구워낸다
달력에 사내의 기일이 적혀있는 오늘,
정맥이 푸른 문어와 아직도 파도소리가
귓밥에 가득 고인 명태를 들고 집으로
가는 그녀,

사글세 송금날짜를 지키려고
온종일 고등어지느러미에 매달려 있는
사막같은 그녀의 손금속으로
오늘은 눈이 내린다

그들의 거친 숨소리에 바다는 아침부터
검푸른 멍이 들기 시작했다

개복숭아꽃이 핀 빈집

그곳에도 참살구꽃은 피었으리라
일곱 개의 어린 신발의 울음소리
열대야가 심한 밤엔 가난을 삶는
냄새가 가득했으리라
달빛도 마당에 내려와 함께
가난을 먹었으리라
허기진 아이들의 긴 울음소리에
뒷문은 떨어져 나가고
뒤뜰엔 어둠이 쌓였으리라
문고리마다 붉게 충혈된 눈물
몇 장의 달력을 찢어 낸
시간의 무게만큼
허물어져 버린 부뚜막
안방엔 어미의 야윈 울음소리가
횃대에 걸려있다
모두가 떠나간 폐허의 운동장
오늘따라
소한의 푸른눈이 가득한 마당
눈꽃이 핀 무릎을 구부리고, 나는

빈 집을 바라보고 있다

백팔암자

108번뇌를 지우려는 노승이 천 배를
올리고 있다

그 시간에 어떤 보살이 찾아와 "아랫동네의 늙은 고라니가 죽어가고, 혼자 사는 박첨지네의 굴뚝에 밥 짓는 연기가 나지 않는다"는 것과 "가뭄으로 강물이 허연 등뼈를 드러내고 누워있다"고 말했다

노승의 이마엔 축원기도의 시름만 늘어가고, 그의 이야기를 엿듣던 석등이 심지를 돋우며 긴 밤을 뜬눈으로 지새운다 대웅전의 늙은 부처도 돌아앉은 채 아무 말이 없다

피죽 한 그릇 먹지 못한 그믐달 조차
뜨지 않는다

[단편소설]

밤의 비탈, 그리고 고요

마 선 숙

2월 말일이다. 낼부터 봄의 시작이다. 올 해는 눈도 없이 삭막했다. 바람이 문풍지를 흔들며 매섭다. 삼한사온이 사라지고 혹독한 추위가 계속되어 봄이 올 것 같지 않지만 대낮엔 추위 끝에 부드러운 기운이 달려 봄이 어른대는 것이 실감된다.

금요일이다. 봄맞이 한다고 두꺼운 이불을 빨아 널은 후 저녁을 한 술 떴다. 늑대의 시간이다. 외로움이 스멀거린다. 하루가 끝나 간다는 공허함이 살갗에 스며든다. 이렇게 세월이 가는가보다. 티브이를 건성 틀어놓고 멍하니 소파에 앉아 있는데 남편 전화가 왔다.

"과천 영안실이야. 대학동창이 모친상 당했어. 그간 팬데믹으로 못 만났던 녀석들을 만났어. 늦을 거 같아."

남편의 목소리에선 취기가 느껴졌다. 혀가 풀려있다. 아침에 검은 양복을 입혀 보내길 잘했다. 그가 귀가 할 때까지 덩그러니 큰 집에 혼자로구나 싶다. 시부모와 시누 둘이 같이 살 땐 집이 늘 북적였다. 우리 애들까지 여덟 식구였다. 시모가 89세로 삼년 전에 가시고 시부가 작년에 91세로 세상을 떴다.

스물 다섯에 혼인 한 후 어언 삼십 년이 흘렀다. 가정에 매어 살았다. 부득이한 일 아니면 외출을 삼가고 밥하고 빨래하고 청소하며 어른들 시중만 들었다.

하루 하루 일상은 평온했다. 남들 눈에 그렇게 보였다. 은행 본점 부장인 그는 월급봉투가 두둑해 가난하지 않았다. 그래서 집 장만 하느라고 애쓰거나 자식들 학비 걱정은 안 했다. 그의 월급이 얼만지 모르지만 큰 지출은 그가 다 했기에 얼마의 돈으로 살림을 하면서도 불만을 말하지 않았다.

주위에선 나보고 시집을 잘 갔다고 했다. 그도 내가 그 사실을 잊어버릴까봐 시도 때도 없이 그 사실을 상기시켰다.

"당신 친척 친구 통 털어 당신만큼 사는 사람 있어? 당신은 복권당첨 되었어."

그때마다 나는 그의 얼굴을 힐끗 바라본 후 고개를 딴 데로 돌렸다. 거드름이 느껴져 기분이 좋지 않았지만 언짢은 감정을 속으로 삭였다. 그의 말 한 마디 한 마디를 저울에 올려놓고 따져봐야 나만 더 초라해질 것이 분명하기 때문이다.

"당신은 내가 하라는 대로만 하고 살아. 나만 받들어. 행복하게 해줄테니까."

그가 부하에게 명령하듯 말 할 때도 모호한 얼굴로 그의 시선을 피했다. 가슴 속으로 서늘 한 게 지나가도 눈치 채이지 않게 잘 넘겼다.

그는 한 달에 한 번 가계부 검사를 했다.

"당신 사고 싶은 거 있으면 다 사. 아끼지 말고. 명품을 걸치고 다녀."

그는 월급을 다 맡기지 않으면서 입으로는 호기롭게 선심을 썼다. 내가 옷과 신발과 화장품과 장신구에 큰 관심이 없는 걸 알기에 하는 소리같다.

"집이라도 같이 공동명의 해요. 내 이름으로 된 건 핸드폰 밖에 없어요."

언젠가 그가 생색을 너무 내기에 짐짓 공동명의를 요청했었다.

"내께 다 당신 거야. 귀찮게 뭘 그렇게 해? 신경쓰지 말고 편하게 살어,"

남편은 단칼에 나의 말을 잘랐다. 그가 그렇게 나올 것을 알고 있었기에 따로 실망도 하지 않았다.

나는 실은 갖고 싶은게 없었다. 아버지의 자살 이후 생에 대해 큰 욕심이나 의욕이 일어나지 않았다. 무력감이 들어 그가 펼쳐놓은 삶에 올라 타 모른 체 안주하고 싶었다.

잠깐 백화점 문화센터에서 자수를 배운 적이 있다. 예전부터 손끝이 얌전하단 소릴 들었다. 자투리 천으로 조각보를 만들어 선물하면 사람들이 가게를 내보라고 했다. 자수반에서 학을 수놓아 백화점 로비에서 전시를 했을 때도 선생이 계속 더 하면 공모전에서도 인정 받을 거라고 칭찬을 했다. 내가 수놓은 학이 살아서 날아 다닐 것 같다면서.

"손가락 찔려가며 그 딴 걸 왜 해? 내 뒷바라지나 잘 해. 은행 부장 마누라가 체통없이."

그는 상을 찌푸리며 이죽거렸다. 나는 입 다물고 그를 물끄러미 바라보기만 했다.

그런데 몸이 예전 같지 않다. 하루 하루 다르다. 눈도 침침하고 소화도 잘 안 된다. 일을 많이 한 날은 무릎이 붓고 허리도 시큰거렸다. 척추뼈가 구들장처럼 내려 앉는 게 느껴졌다. 나이는 어쩔 수 없나보다.

총칼로도 막을 수 없는 게 세월같다.

벽시계가 땡땡 열 한 시를 알린다. 피곤이 몰려온다. 눕고 싶다. 침대로 가려고 자리에서 일어난다. 안방으로 걸어간다. 몇 발자국 걷지 못하고 우뚝 서버렸다.

퍽 하는 소리가 나더니 불이 나갔다. 정전이다. 먹물처럼 깜깜하다. 우리 집만 정전인지 알아보려고 주춤주춤 창가 쪽으로 걸음을 옮겨 놓았다. 어디엔가 부딪칠까봐 발 옮기기 조심스럽다.

주머니에서 핸드폰을 꺼내 켰다. 폰에서 흘러나오는 빛에 의지 해 창 앞으로 갔다. 밤이 깊어선지 불 꺼진 집도 있지만 환하게 불 켜진 집도 있다. 멀리 시가지에도 불이 밝혀있다. 산 아래 지어진 타운하우스다.

버스 정류장께에 전기수리업체가 있다. 야심한 시각이라 문을 열었을리 없다. 당황스럽다. 무얼 어째야 할지 모르겠다. 예전에도 두어번 정전 된 적 있지만 대낮이라 시부가 전기기사한테 연락해 금방 해결했었다.

누군가가 도둑질 하기 위해 전기를 끊은 것은 아니겠지? 싶다. 영화 속에선 불이 나가면 이상한 일도 벌어졌었다. 설마 그런 일이야 없겠지. 감전 걱정을 하니 어디선가 탄 내가 나는 것 같기도 하다. 폰 조명에 의지 해 다용도실 서랍을 열었다. 랜턴을 본 것 같아서다. 손으로 더듬었는데 랜턴이 안 잡힌다. 사용한 지 오래되어 어디 두었는지 기억이 가물거린다.

밖에서 한차례 바람이 히잉 지나간다. 나뭇가지 흔들리는 소리가 요란하다. 을씨년스럽다. 마당의 진돗개도 컹컹 짖는다. 두렵고 무섭다.

머리를 흔들며 남편에게 전화를 넣었다.

"뭐야? 왜 그래?"

목소리에 짜증이 배어있다.

“정전이에요. 우리집만 불 나갔어요.”

“그걸 나한테 말하면 어떡해? 이 밤중에. 알아서 조처해야지.”

계속 퉁명스럽다.

“신발장 안 두꺼비집 살펴 봐. 차단기 내려져 있으면 올려 보고.”

“빨리 집으로 와 줄 수 없어요?”

“간만에 친구들 만났어. 단순 오작동일지 몰라. 과부하 걸렸을 수도 있고. 잘 해봐.”

“……”

“ 차단기 떨어지면 가전제품 플러그 다 뽑고 어디가 누전인지 알아봐.”

왁자지껄 떠드는 소리에 이어 전화가 끊겼다. 맥이 풀린다. 서운하다. 그의 어투가 첨 듣는 목소리같다.

남편이 일러준대로 두꺼비집부터 살펴봐야 할 것 같다. 희미하게 새나오는 핸드폰 빛으로 앞을 비추며 쭈볏쭈볏 현관께로 발을 내딛었다. 누전기를 살피니 차단기가 내려있다. 그런데 높이 달려있어 손이 닿지 않는다. 주방에서 식탁의자를 가져다 디딤돌 삼아 올라가야 할 것 같다.

다시 주방으로 간다. 왼 손에 폰을 들고 오른 손으로 의자를 꺼내 끌었다. 얼결에 폰을 놓쳤다. 어딘가에 탁 부딪쳤다. 폰을 바닥에서 주워 빛을 비추어 살펴보니 거실 한 켠에 놓인 흔들의자에 이마를 찧었다. 피가 배어 나왔다. 눈은 안 다친 것 같다.

시부가 살아 생전 앉아 있던 흔들의자다. 그 의자에 앉아 신문을 보거나 티브이 뉴스를 시청했다. 시부 돌아가신 뒤 낮에 혼자 있을 때 나도 그 의자에 종종 앉아 보았다. 근데 시부 냄새가 의자에 배어 있었다. 시부가 쓰던 향수와 머리 기름 냄새가 배어 그 뒤론 앉아보지 않던 의자다.

마음 밑바닥으로 체념이 지난다. 이럴 때 그에게 빨리 와 달라고 한 것이 잘못일까? 발등에 불이 떨어졌어도 그는 아무렇지 않은가? 살을 맞대고 살아도 부부는 남인가보다.

하필 어제 고기와 생선을 잔뜩 사다 냉장고에 쟁여 놓았다. 김치도 시어서 못 먹고 야채도 상해서 다 버려야 할 것 같다.

"나만 믿고 살아. 나만 의지하면 돼. 당신 보호 할 사람은 나야."

그는 늘 강조했었다. 구구단처럼 주입했다.

"내가 뒤에 있으니 아무 걱정 마."

재산 문제도 시부모와만 의논하기에 뭐라고 한 마디 했더니 위압적으로 덧붙였다.

"당신 위해 그런 거야. 골치 아픈 거 모르고 살라고. 재산세 나오면 신경 쓰이기만 해."

다시 몸을 일으켰다. 혼자다. 오직 혼자니 내가 어떻게든 해봐야 했다. 호흡을 진정시켰다. 발 떼기 두렵지만 정신차리고 핸드폰 조명을 똑바로 들고 의자를 다시 끌었다. 미로를 헤매듯 더듬어 현관까지 무사히 의자를 옮겼다. 그 위로 올라갔다. 차단기를 올렸다. 잠시 불이 들어오더니 다시 암흑이다.

이젠 별 수 없다. 내가 할 수 있는 건 가전제품 플러그를 다 뽑는 것밖에 없다. 방마다 놓인 티브이부터 선을 뽑았다. 냉장고도 김치 냉장고까지 세 개다. 헛밟을까봐 조심하며 폰 불빛에 의해 선이란 선은 다 뺐다. 무슨 선이 이리 많은가? 세탁기, 전자렌지, 컴퓨터, 밥솥, 공기청정기, 제습기, 무선청소기등 눈에 뜨이는대로 선을 뽑았다. 아직도 더 남았다.

온풍기 선을 빼는데 갑자기 핸드폰 불빛이 사라져버렸다. 배터리가 다 되었나보다. 항상 주머니에 넣고 사용하다 밤이면 충전을 시켰기에 나갈 때가 되었다. 바늘귀만한 빛도 없는 암흑이다. 켜켜히 두꺼운 어둠이 머리끝서 발끝까지 칭칭 감는다. 코 앞에 뭐가 있는지 전혀 분간이 안 된다. 이젠 뭘 해 볼 수 있는게 없다. 불안이 다시 솟구친다.

낙담해서 발밑에 온 신경을 다 모으고 다시 소파로 와 앉았다. 멍하니 어둠을 바라보았다. 앞에 있는 건 어둠 밖에 없다.

집이 허공에 떠 있는 것 같다. 어둠 속에서 비릿한 냄새가 나는 것 같다.

이럴 때 담배라도 배워두었으면 얼마나 위로가 되었을까? 싶다. 시부모나 남편이 부당한 소릴 해도 대꾸 안 하고 살았다. 어느 날 숨이 막혀서 편의점에서 담배를 한 갑 사왔다. 흔적없이 몰래 피울 수 있으면 피워 보려고. 그러나 시도조차 하지 못했다. 억눌린 것들을 나를 태우듯 담배를 태웠으면 시원 할 것 같았지만 도저히 감쪽같이 피울 수가 없어서다.

남편은 술을 좋아하지만 담배는 질색을 했다. 시부도 담배를 안 피웠다. 그러기에 담배연기에 예민해 흔적없이 피우기가 불가능 할 것 같아서였다. 담배는 다락 와이셔츠 상자 속에 그대로 있다.

현실을 잊고 나를 어디로 보내고 싶을 때면 종이학을 접었다. 호일을 사용하여 은색 학을 접어 와이셔프 상자에 가득 넣어두었다. 색종이나 학종이 아닌 이면지나 사탕 싼 껍질도 눈에 뜨이기만 하면 학으로 만들었다. 몇 마리나 될지 모르겠다. 다섯 상자 가득하다. 학을 누구에게도 선물하지 않았다. 거실에 장식하지도 않았고 실내의 화초나 정원의 나무에 매달아 놓지도 않았다. 아무도 모르게 차곡차곡 만들어 뚜껑 덮어 숨겨놓고 있다.

지금도 겨자씨만한 빛이 있다면 새를 접어 무서움을 잊고 싶다. 내 집이니 무서워하지 말자고 위안해도 불안하다. 그는 혹시 친구들이 공처가라 놀릴까봐 못 오는 걸까? 그래도 사람이 죽고 사는 문제는 아니라고 억지로 마음을 가라 앉힌다.

이 어둠은 영원히 계속 될 어둠은 아니다. 날 밝으면 해결 될 어둠이니 의연해지자. 살다보면 별 일 다 있다. 천재지변을 만나기도 한다. 벼락을 맞기도 하고 내가 걸어가던 육교가 무너질 수도 있다.

그러면서도 집 전화로 아들 번호를 눌렀다. 신호가 여러번 울린 후 아들 목소리가 들려왔다.

"엄마. 오밤중에 웬일이야."

"집이 캄캄해. 정전이야."

"무슨 소리야? 뜬금없이."

"아까부터 불이 나갔어."

"아버진 뭐 해요?"

"문상가서 안 왔어."

"우리집만 그래요?" "맞아."

"인터넷 검색하면 스물 네시간 누전 잡는 사람들이 있어. 출장 부탁해 볼까?"

"암흑 속에 나 혼자야. 어떻게 낯선 사람을 들여?"

"그럼 할 수 없네. 날 밝을 때까지 참아요."

아들이 먼저 전화를 놓았다. 자식이지만 무안하다. 어쩨야 좋을까?

괘종 시계가 세 시를 친다. 네 시간이 흘렀다. 짐짓 가슴을 펴 본다. 심호흡을 한다.

다시 딸에게 전화를 했다.

"엄마. 무슨 일 있어?"

“암흑이야. 정전이다. 아빠 문상 가고 혼자야.”

“맙소사. 차단기 올려봤어?”

“자꾸 떨어져.”

“목욕하다 욕실 콘센트에 물 튄 거 아냐?”

“목욕 안 했어.”

“전기 밥솥서 수증기 나와 콘센트 젖었나 살펴 봐.”

“아냐.”

“식기 세척기 기계 안으로 물 들어가지 않았어?”

“세척기 안 썼어.”

“그럼 날 밝기 기다려야지 어쩌겠어? 엄마. 나 졸려. 잘래.”

딸이 졸음에 겨운 목소리로 서둘러 전화를 끊었다. 자신이 한심했다. 이것 밖에 안 되는구나 싶다. 왜 의지 할 생각을 했을까? 날 대신해 살아줄 사람은 아무도 없다. 날 대신 해 바로 잡아 줄 사람도 없다. 내가 나로 살지 못했다. 나를 의지 할 사람은 나 뿐이었다. 버림받은 것 같다. 외롭다.

이제 나와 대면 해야 한다. 날 냉정하게 응시해야 한다. 어둠 속에서도 똑바로 서야 한다. 비틀거리면 안 된다. 이 어둠은 절대적 일 수가 없다.

마음이 심란하니 한동안 잠잠했던 이명이 고개를 든다. 가느다란 어린애 울음소리가 점점 커지며 어른이 흐느끼는 소리로 바뀌었다. 이어서 쏴아 하고 파도 치는 소리가 귀청을 어지럽힌다.

“이 병은 원인이 불분명하지만 스트레스 받지 말아야 해요. 신경안정제나 항 우울제가 도움이 되긴 해요.”

의사 처방으로 약을 복용했지만 별 차도가 없었다. 이젠 함께 살아야 할 친구로 받아 들였더니 덜 괴롭히는 것 같더니 다시 시작이다.

그를 알게 된 건 은행에 볼 일 보러가서였다. 전문대 졸업 후 작은 섬유회사에 경리로 취직해 다녔다. 그는 외환 대출 담당이었다. 갈 때마다 나를 유심히 보는 시선이 느껴졌다. 내 옷매무새가 이상한 걸까? 하고 머리를 갸웃했는데 어느날 퇴근해서 나왔더니 그가 회사 문 앞에서 나를 기다리고 있었다.

"좋은 찻집을 알아요. 차나 한 잔 합시다."

그는 나와 세 살 차이였다. 단정했다. 입매도 정갈했다. 작은 키가 그를 더 야무지고 단단하게 보이게 했다. 은색의 수입 안경테 때문인지 인상이 차가워보였다. 피부가 하얘선지 고급의 옷차림이 잘 어울렸지만 어딘가 가깝게 느껴지지가 않았다.

그와 나는 성장 환경이 달랐다. 그는 유복한 집안에서 태어나 남들이 선망하는 대학을 나왔다. 그의 아버지도 은행원이었고 그도 은행원이다. 열악한 환경에서 자란 나는 그와의 만남이 불편했다.

그가 나의 아버지에 대해 물었을 때 차마 아버지의 자살에 대해 말해 줄 수 없었다. 아버지 죽음을 목격 한 후 나는 완전히 다른 사람이 되었다. 전문대를 졸업하고 일자리를 알아보던 스물 한 살이었다. 마음에 대못이 박혔다. 일찍 애어른이 되었다. 모든 사물들이 회색으로 다가왔다. 그의 세계와 나의 세계는 달랐다. 그래서 그와 사이가 깊어지는 걸 피하고 싶었지만 어머니가 등을 떠밀었다.

"이 바보야. 너한텐 과분해. 사람은 자고로 부잣집에 시집가야 한다. 아마 곳간에 돈이 그득할게다. 부잣집 마나님으로 살아봐라. 이 에미 용돈도 두둑히 주고."

나는 그를 만나는게 불편하면서도 끌려다녔다.

"당신은 참해. 역시 내 눈이 틀림없어. 시부모 잘 모실 여자를 찾았어. 은행에서 첨 당신을 봤을 때 이 여자다 싶었어. 조신하고 말 없고."

그가 어느날 자기 친구를 데리고 나온 후 나보고도 친구를 데리고 나오라고 했다. 그래서 중학교 때부터 절친인 친구를 데리고 나갔다. 병 든 부모를 모시느라고 고등학교 진학을 못하고 공장 다니는 친구였다.

"친구는 내 얼굴이야. 아주 촌스럽구만. 당신한텐 그런 친구 밖에 없나?"

그는 눈살을 찌푸렸다. 무안했다. 정직하고 부지런하며 올바른 친구였기에 그의 말이 무척 서운했지만 뭐라고 항변하진 않았다. 아버지의 죽음 후 말수가 없어지며 나를 드러내지를 않게 되었다. 내 의견을 고집하거나 시비를 가리는 일도 피했다. 저절로 인생에 저자세가 되었다. 매사 수동적으로 위축되어 밝고 당당하지가 못 했다.

"당신은 내가 원하는 대로 해 줘. 시부모한테 순종하고 살림 잘 해주면 돼."

그는 만만하고 고분고분한 여자를 원했다. 내 속에 깊이 잠복해 있는 트라우마 때문인지 그에게 또박또박 토를 달아보지 못했다.

어느날 그는 자기 생일이 돌아온다면서 백화점으로 나를 데려가 옷을 사주었다. 이 옷을 입고 자기 부모에게 인사를 하라고. 거의 무채색 옷만 걸치는 내게 그가 사 준 옷은 부담스러웠다. 고가의 원피스였다. 화려하게 수가 놓인 명품이었다. 그가 원했기에 그 옷을 입고 초대에 응했다. 거리의 일반 빵집에서 작은 케이크를 사 가지고 갔다. 수도권 외곽의 큰 전원주택이었다. 정원이 말끔히 잘 자꾸어 있었다. 주방에 생일상이 차려 있었다. 호텔 레스토랑처럼 잘 꾸며진 주방이었다. 북유럽풍의 원형 식탁에 음식이 가득 차려져 있었다.

내가 사 간 평범한 케이크는 구석으로 밀쳐졌다. 호텔에서 주문한 대형 삼단 케이크가 식탁 중간에 놓여 있어 손이 부끄러웠다. 시부모 두분이 다 세련되어보였다. 품위도 있었다.

일하는 도우미가 각각의 앞에 알맞게 구어진 스테이크를 가져다 놓았다. 티본 스테이크라고 했다. 정식 스테이크를 처음 먹는 나는 잔뜩 얼어붙었다. 어깨에 힘을 주고 고기를 썰다 손이 헛놓이며 고기 조각을 떨어트렸다.

"괜찮아요 너무 긴장하지 말아요."

시모는 엷게 웃으며 고기를 치웠지만 모멸의 시선이 느껴졌다.

그의 집에 다녀 온 후 정말 그와 헤어져야겠다고 생각했지만 어머니에게서 벗어나는 길은 그와의 결혼 외엔 없는 것 같아서 결단을 못 내렸다.

그는 결혼 전에도 나를 소홀히 대했다. 말로는 나 외엔 결혼하고 싶은 여자가 없다고 했지만 우리의 만남에 일찍 나와 나를 기다린 적이 없었다. 늘 조금씩 늦게 나와선 변명을 했다.

"업무가 많았어. 일에 치어 힘들어." 하면서.

그러나 가끔 그의 입에서 술내가 맡아지는 것 보면 다른 곳에 들러오는 것 같아 언짢았지만 내색은 안 했다.

그는 어머니와 비슷한 점이 있었다. 어머니도 잘된 것은 자기 탓이고 좋지 않은 건 아버지 탓을 했다. 어머닌 자신이 뚱뚱한 걸 아버지 탓을 했다. 아버지가 소식을 해서 남은 밥과 반찬을 먹어 치우느라 자신이 비만이 되었다는 식으로. 내가 아들이 아닌 딸인 것도 아버지가 씨를 잘못 뿌려서이고 화장실 휴지가 금새 떨어지는 것도 아버지가 휴지를 헤프게 써서 그렇다는 식이다.

잘못 만난 부부였다. 아버진 심성이 착하고 온화했지만 나약해서 거친 성정의 어머닐 이기질 못했다.

"나도 도회지 여자 좀 되어 봅시다. 서울 여잔 뭐 다른 걸 달고 태어났나? 우리도 서울로 이사갑시다."

어머닌 시골초등학교 선생인 아버질 닦달했다. 그때마다 아버진 아무 말 없이 방으로 들어가 나오질 않았다. 기척이 없어 문을 열고 살며시 안을 들여다보면 창가에 안락의자를 놓고 밖을 멍하니 바라보고 있었다.

남편도 잘못된 것은 다 내 탓을 했다. 서류를 어딘가에 두고 찾지 못하면 발칵 화를 냈다. 집에서 그런 거 하나 잘 두지 못하고 뭐했냐고 몰아 세웠다. 연말이면 회사에서 부부동반으로 송년회를 했다. 남편은 그때마다 어려운 주문을 했다. 상전의 부인보다 비싼 옷을 입어도 안 되고 부하직원 아내보다 싼 옷을 입어도 안 된다는 거였다.

"당신은 센스가 꽝이야. 왜 돈 주는데 그런 내조도 못해? 왜 비위를 못맞춰."

그의 예상이 어긋나면 그는 돌아오는 찻 속에서부터 화를 냈다.

첫 임신을 했는데 유산이 되었다. 그때 그는 불같이 노했다.

"왜 조심성 없이 애를 유산시켜? 내가 외아들 인 걸 잊었어? 내가 당신을 왜 택했는지 알아? 이유가 또 있어. 당신은 키가 커. 우리 집이 대대로 키가 작아서 이세를 위해 키 큰 여자가 필요했어. 당신은 가난하고 학벌도 별로지만 외모가 단정해. 이세를 위해 당신을 택한 거야 . 그러니 어서 내 아이를 낳아 줘."

유난히 일을 많이 한 날 애가 떨어졌다. 시모는 청소기를 돌리고 대걸레질을 해도 앉아서 말끔히 걸레질 하는 걸 좋아했다. 시모의 눈치를 보며 앉아서 거실 청소를 마쳤는데 시모가 고구마순을 열 단 사왔다. 고구마순 김치를 담그라고. 이미 허리가 무거웠지만 고구마순 껍질을 까고 있는데 아래가 축축해서 욕실로 들어가보니 팬티에 피가 배어 있었다.

유산 된 후 노심초사 했지만 다행히 금방 임신이 되어 어깨를 펼 수 있었다.

그는 잠자리를 좋아했다. 밤이면 그를 받아들일 준비를 했다. 몸을 씻고 양치를 하고 그가 내 몸 속을 마음대로 휘저을 수 있도록 조용히 그를 받아주었다. 그런데 술에 만취되어 돌아와서 입 속을 헤맬 땐 냄새가 심해 토 할 것 같았다. 달거리 할 때도 그가 원하면 거부하지 않고 잠자코 응했다. 허지만 어느땐 눈가에 눈물이 비어져 나왔다.

그의 품이 따스하게 느껴졌던 날이 있던가?

내가 최선을 다 해도 그는 나의 친정에 동행 해 준 적이 없었다.

"당신 엄마가 해준 밥을 도저히 못 먹겠어. 간이 밴 게 없고 거칠어. 그런 엄마한테서 어떻게 당신같은 딸이 나왔나 몰라. 당신 엄만 거칠어. 교양이 없어. 할 수 없어, 그러니 처갓집에 가잔 말은 말어. 당신 혼자 다녀."

나도 어머니를 좋아하지 않았다. 허지만 그의 입에서 어머니에 대한 험담이 나오는 건 참기가 힘들었다. 그래도 반박하지 않고 밖으로 나가버렸다. 그와 부딪칠수록 자신이 더 초라할 것이 자명했다.

한기가 스친다. 바닥에서 냉기가 올라온다. 남편은 더 늦으려나보다. 삼십 분이면 도착 할 수 있는 거리가 미국처럼 멀게 다가온다.

저수지가 얼었다 녹으면서 눈이 펑펑 내리는 날이었다. 대설주의보가 내렸다. 앞이 분간 안되었다. 아버기가 귀가하지 않아 걱정하고 있는데 경찰차가 문 앞에 와 섰다.

"사고가 났습니다."

제복의 젊은 경찰관은 우리 얼굴을 피하며 사무적으로 말했다. 처음엔 무슨 소린지 몰라 멍했다. 남의 얘기를 듣는 것 같았다. 어머니와 나는 영문도 모르게 경찰차에 올라 탔다.

"놀라시면 안 됩니다."

경찰이 조심스럽게 주의를 주었다. 저수지에 몸을 던진 분이 아버지임을 확인해 달라고. 저수지 앞엔 줄이 쳐져 있었고 많은 사람들이 웅성거리고 있었다. 사람들이 길을 열어주어 아버지 앞으로 다가 갈 수 있었다. 경찰이 아버지 얼굴을 덮은 시트를 내린 후 확인을 요청했다. 아버지 얼굴은 편안했다. 살아 생전 한번도 본 적 없는 온후한 얼굴이었다. 어찌 보면 조용히 미소 짓고 있는 것 같기도 했다.

어머니는 넋이 빠진 듯 길바닥에서 통곡을 했다. 인두로 가슴을 지진다 한들 이보다 더 고통스러울까? 싶었다. 이게 현실일까? 이걸 믿어야 한단 말인가? 이게 무슨 운명일까? 아버진 생을 끝내는 게 더 편했을까?

아버지 장례를 치룬 집안은 폐가 같았다. 집은 괴괴해졌다. 대낮에도 햇빛이 들지 않는 집안처럼 음습했다. 동네 사람들은 수군거렸다. 고개를 들어보지 못 하고 땅바닥만 보고 걸었다.

지금의 세상은 예전의 세상이 아니었다. 데친 시금치처럼 맥아리 없이 세상에서 겉돌았다.그동안 세상에 대해 희망이 있었던 것조차 우스웠다. 희망은 헛되었다. 설렘도 기대도 다 사라졌다.

나는 아버지 방에를 자주 들어갔다. 아버지 유품을 태울 때 아버지가 늘 창가에 내놓고 앉아 있던 의자를 몰래 빼서 제 자리에 갖다 놓았다. 내 속에선 아직 아버지가 시퍼렇게 살아 있었다. 안락의자에 아버지처럼 앉아 창 밖을 내다볼 땐 아버지가 곧 나타 날 것만 같았다

눈이 오는 날은 아버지 영혼이 흩날리는 것 같아 저수지를 배회했다. 아버지가 불쑥 나타나 나를 부르는 것 같아 벌떡 일어나 보면 환영이었다.

남편에게선 아직도 전화가 없다. 머리가 지끈거린다. 나는 왜 이것밖에 안 될까? 이런 내가 정말 나일까? 아무리 평화를 위장하고 잘 사는 척 해도 전깃불 하나로 무너질 수 있는게 삼인가보다.

근데 난 왜 이 어둠을 무서워 해야 하나? 사람은 언제나 혼자가 아닌가? 어차피 날은 밝아 올 것이다. 이 어둠은 계속 재앙이 아니다. 재앙으로 만들 수 없다. 날이 밝아 전기수리업체에 연락하면 해결 될 수 있다. 무서움은 밖에서 준 게 아니라 내가 만든 것이다. 내 속에서 불러들인 것이다. 스스로 장벽을 만든 것이다. 남편 자식을 통째 의지 한 것도 내가 못나서다.

세상의 반은 어둠이다. 어둠은 항상 있었다. 어릴 땐 그 어둠을 즐기지 않았던가?

어릴 때 어둠놀이를 했다. 알록달록한 이불을 뒤집어 쓰고 그 안에 만들어진 어둠을 가지고 놀았다. 이불은 비로드처럼 부드러웠고 그 안은 아늑하고 따스했다. 그 속에서 눈을 감고 있으면 마음이 고요해졌다. 아무 걱정 없는 다른 세상에 와 있는 듯 기분이 좋았다. 어둠놀이 즐기다 이불을 제치고 나오면 재밌어서 손뼉을 치며 깔깔대고 웃었다. 커텐 뒤에 숨어 눈을 꽉 감고 나 잡아봐라 할 때도 흥미있었다.

그때의 어둠과 이 어둠이 어떻게 다른가?

이불을 뒤집어 쓰면 여러 가지 놀이를 할 수 있었다. 유령놀이, 애벌레놀이, 뒤로 자빠지기 놀이등.

어둠은 훌륭한 놀이터고 장난감이었다. 이불을 몸에 감고 굴러다니던 김밥놀이가 아직도 생생하다.

나로 살자. 나를 찾자. 아버지도 놓아드리자. 더 이상 나를 옥죄이지 말자. 나를 낮추며 위축되어 살지 말자. 정전으로 또 다른 정전을 부르지 말자. 날 암흑으로 만들지 말자. 내가 내 가슴에 박은 못은 내가 스스로 빼야 한다. 와이셔츠 상자를 밝은 곳으로 옮겨야겠다. 뚜껑을 열고 자유로이 항해를 하라고 하자. 자기가 원하는 곳으로.

나는 나 일 뿐이다. 나답게 살자. 앞으로도 수 많은 어둠을 만날 것이다. 그때마다 누굴 의지하나?

마음을 바꾸니 농도 짙은 어둠이 점차 편안하게 느껴졌다. 두려움을 몰아내니 어둠은 더 이상 어둠이 아니었다. 내 안이 환해지니 어둠도 환해졌다. 무언가 속에서 숨 죽이고 있던 것들이 일어섰다. 날 포박했던 어둠은 서서히 물러갔다. 혼자 직면하자. 내가 어두우면 어둠도 무섭다. 무언가 날 꽉 채웠다. 옛날처럼 살지는 않으리라.

집 전화벨 소리가 울렸다, 소파 옆 탁자 위에 놓인 전화기에 남편 번호가 떠 있다. 핸드폰이 꺼져 있어 집으로 했나보다. 열 번이 넘도록 끈질기게 울어댄다. 벨 소리를 혼자 내버려두고 창가로 걸어갔다. 어둠 속이지만 마음으로 균형을 잡으니 걸음이 위태롭지 않다. 주위가 분간되지 않으면서도 잘 걸어졌다. 넘어져도 다시 일어나면 된다. 두려워말자. 그런 마음으로 걸으니 똑바로 잘 걸어졌다.

창가로 가 걸음을 멈추었다. 곧 새벽이 올 것이다. 멀리 푸르스름한 새벽빛이 기웃거리는 것 같다. 유리창에 내 모습이 투영된다. 어린애 아닌 어른인 내 모습이.

또 전화벨이 울린다. 이번엔 아마 아들이나 딸이리라. 전화는 등 뒤에서 끈질기에 울었다. 전화를 받는 대신 멀리 시가지 쪽에 시선을 주었다. 새벽처럼 봄이 올 것이다. 대문 앞에서 어른거리고 있을지도 모른다. 나는 이제 비틀거리지 않으리.

몸을 돌려 실내의 어둠이 벗겨지는 것을 고요히 바라보았다. 내가 고요해지자 세상도 고요해져서 전화벨 소리조차 고요히 들렸다. ■

코드 블루 코드 블루

임 철 균

산 채로 가죽을 벗기고 있었다. 투박하고 두꺼운 가죽 장갑을 낀 사내가 좁디좁은 철창 속에서 검은 족제비의 모가지를 거칠게 잡아 꺼냈다. 모가지를 잡힌 족제비가 발톱을 잔뜩 세워 저항하지만 가죽 장갑에 가벼운 흠집만 낼 뿐이었다. 족제비를 움켜쥔 사내가 마당에 수직으로 세운 ㄱ자 모양의 나무틀로 걸어갔다. 왼손으로 모가지를 잡고 오른손으로 꼬리부분을 잡았다. 교수대 모양의 나무틀 끝에 달린 커다란 쇠갈고리에 버둥대는 족제비의 항문을 거침없이 끼웠다. 항문 깊숙이에 쇠갈고리가 들어간 족제비가 온 몸을 비틀었다. 세상에서 제가 낼 수 있는 가장 큰 소리를 내며 갈고리에 항문이 걸린 채 허공에서 버둥거렸다. 사내가 곁에 있던 쇠몽둥이를 들어 울부짖는 족제비의 머리통을 주저 없이 내려쳤다. 족제비의 몸뚱이가 이내 추-욱 늘어졌다. 장갑을 벗은 사내가 허리에 찬 가죽벨트에서 손바닥 길이만한 가늘고 날카로운 칼을 꺼냈다. 항문에 쇠갈고리가 걸린 채 허공에 축 늘어진 족제비의 몸을 곧게 만들었다. 망설임 없이 족제비의 성기 쪽에서 가슴 쪽으로 칼날을 내리그었다. 지-익 소리가 나면서 족제비의 배에 빨간 줄이 선명히 나타났다. 그어진 족제비의 뱃가죽을 양 손으로 잡은 사내가 힘을 주어 한껏 벌렸다. 찌-이-익 소리가 들리며 순식간에 족제비의 몸에서 가죽이 분리되며 하얀 지방층이 보였다. 족제비의 뱃가죽을 양 옆으로 벌린 사내가 이번에는 꼬리 쪽에 칼을 대었다. 왼손으로 족제비의 머리를 잡고 오른 손으로 꼬리를 잡아 무릎을 굽히며 힘껏 아래로 잡아 내렸다. 약간씩 멈칫거리기는 했지만 찌지직 소리와 함께 족제비의 가죽이 주둥이까지 깨끗이 벗겨졌다. 하얀 지방층의 족제비 몸뚱이가 이내 빨갛게 변하기 시작했다. 근육에 붙은 생살들이 움찔거리며 온 몸에 방울방울 피가 맺히기 시작했다. 순식간에 산 채로 가죽이 벗겨진 족제비가 다시 정신이 들었는지 울부짖으려는데 시뻘건 주둥이만 달싹거릴 뿐. 사내가 쇠갈고리에서 시뻘건 족제비의 몸뚱이를 빼내었다. 사육장 쪽으로 걸어갔다. 철창에 갇힌 족제비들이 사내가 다가오자 머리를 좌우로 부산히 움직였다. 사내가 한 철창 안에 시뻘건 족제비의 몸뚱이를 밀어 넣었다. 시뻘건 족제비의 몸뚱이가 들어오자 철창 안에 있던 족제비가 바로 허겁지겁 뜯어먹기 시작했다. 허벅지 쪽의 살이 뜯겨나가는 시뻘건 몸뚱이의 족제비 주둥이에서 쉰 소리가 흘러나왔다. 바로 옆 철창에 갇힌 족제비가 혀를 길게 내밀어 시뻘건 몸뚱이에서 흘러내리는 핏물을 연신 핥았다.

15시간 30분 전.

사내가 테이블 위에 있는 리모컨을 집어 들었다. 전원 버튼을 눌렀다. 핏빛으로 가득 찼던 텔레비전 화면이 검은색으로 변하면서 육 칠 평 크기의 병동 휴게실이 침묵에 잠겼다. 휴게실 한편에 놓인 간이 소파에 깊숙이 몸을 뒤로 기댄 사내가 두 다리를 길게 뻗었다. 양손을 앞으로 하여 굳게 팔짱 낀 채 눈을 감았다.

13시간 30분 전.

-코드 블루, 코드 블루 6층 병동. 코드 블루, 코드 블루 6층 병동…….

새벽 정적을 깨는 방송이 병동 전체에 울려 퍼졌다. 다급하게 뛰는 발자국 소리들. 방송 소리 발자국 소리에 잠을 깬 사내가 팔을 들어 시계를 들여다보았다. 새벽 4시가 되어가고 있었다. 다시 잠들지 못하고 사내가 이리저리 몸을 뒤척였다. 병동이 다시 고요에 잠겼다.

10시간 30분 전.

아침 회진을 도는 의사들의 대화와 간호사들 오가는 소리에 사내가 눈을 떴다. 휴게실을 나와 병동 중앙에 있는 데스크를 지나 엘리베이터 앞에 섰다. 엘리베이터 문이 열리자 사내가 은빛 사각 공간 속으로 뚜벅 뚜벅 걸어 들어갔다.

병원 현관문을 나선 사내가 몸을 돌려 건물을 올려다보았다. 본관건물 뒤편 더 높은 건물에 〈성균관의대 강북삼성병원〉이라는 파란색 글자와 기업 로고가 선명했다. 병원입구 쪽으로 가던 사내가 검은색 기와가 얹어진 건물에 걸린 커다란 현수막을 올려다보았다. '백범 김구 선생의 혼이 숨 쉬는 경교장' 이라는 글씨와 김구선생이 환하게 웃는 모습이 그려져 있었다.

병원 정문을 지난 사내가 도로 건너의 경향신문사 건물을 바라보았다. 가벼운 군화에 단단한 고무로 된 무릎 보호대와 팔 보호대 그리고 장갑에 헬멧을 쓴 완전무장 차림의 병력들이 여기저기서 우르르 우르르 몰려다니고 있었다. 거리 곳곳이 온통 검은색으로 물들어있었다. 주위를 둘러보던 사내가 경찰버스와 병력들에 의해 왼쪽 인도가 막혔음을 확인하고 오른쪽으로 몸을 돌려 걷기 시작했다. 100여 미터 쯤 걷던 사내가 발걸음을 멈추었다. 인도 오른쪽에 하얀 석조 건물을 바라보았다. 한 쪽에 소나무가 다른 한 쪽에 대나무가 심어져 있는 아치형 입구 위에 〈四一九革命紀念圖書館〉이 적혀있었다. 건물을 올려다보던 사내가 소나무 몇 그루 심어진 건물 위에 나란히 휘날리는 세 개의 깃발을 바라보았다. 태극기를 가운데 놓고 '419革命犧牲者遺族會' 깃발과 '419民主革命會' 깃발이 한겨울 바람에 을씨년스럽게 휘날리고 있었다.

사내가 지하로 내려갔다. 개찰구를 지난 사내가 다시 지하로 더 내려가 전철 승강장에 섰다. 두꺼운 통유리로 된 안전벽이 승강장을 따라 길게 이어져 있었다. 사내가 승강장의 끝으로 천천히 발걸음을 옮기다 마지막 안전 유리문 앞에 섰다. 전철이 도착하지 않아 닫혀 있는 안전 유리문 앞에 선 사내가 유리문에 적힌 하얀색 글을 바라보았다. 〈맑'스〉라는 제목의 시를 사내가 소리 없이 읽었다. 전철이 도착하고 문이 열렸다. 출입문 창에 기댄 사내가 끝없이 이어지는 창 밖에 어두운 터널을 바라보았다. 광화문역에 전철이 멈췄다. 전철 밖으로 사내가 나왔다. 경찰들이 입고 있는 형광색 상의에 반사된 아침햇살이 지하에서 올라 온 사람들의 온 몸에 날카롭게 박혔다. 전철역입구에서 보신각 가는 길까지 도로 양쪽이 소란스러웠다. 경찰 버스들이 여기저기서 부르릉 부르릉 요란스러운 소리를 냈다. 전국의 번호판을 각각 단 경찰 버스들이 도로 양쪽에서 부산스레 서로 꼬리에 꼬리를 물고 있었다. 줄지어선 가로수들 여기저기에 알록달록한 색깔의 현수막이 군데군데 걸려있었다.

[새해맞이 보신각 타종행사에 국민 여러분을 초대합니다].

걸어서 종각역에 도착한 사내가 길 건너편에 보신각을 바라보았다. 한겨울 아침 햇살 아래 경찰버스들이 보신각을 중심으로 요란스레 출근을 하고 있었다. 경찰 모자를 쓴 포돌이가 민중의 지팡이를 들고 경찰버스 겉면에서 밝게 웃고 있었다. 종각 전철역 입구 근처 대리석 벤치에 사내가 앉았다. 도로 건너에 있는 건물을 올려다보았다. 강철과 유리로 지어진 옛 삼성본관 건물이 차갑게 빛나고 있었다.

안국동 사거리 쪽으로 몸을 돌린 사내가 도로가 철판에 적힌 조계사를 보고 걷기 시작했다. 경찰 순찰차 대 여섯 대가 조계사 앞 도로 양쪽에 세워져 있었다. 사내가 조계사 입구에서 출입문으로 향하는데 두툼한 파카를 입은 중년 사내 두 명이 날카롭게 쏘아보았다. '大韓佛敎總本山曹溪寺' 라는 커다란 글씨가 써진 출입문 아래 사천왕이 입구 양쪽을 지키고 있었다. 출입문 앞 계단 아래 건물 벽에 한 걸인이 모자를 바닥에 놓고 차가운 돌바닥에 엎드려있었다. 커다란 카메라를 어깨에 멘 남자가 사내를 앞질러 비닐하우스와 승용차들이 즐비한 마당으로 바쁘게 걸어갔다. 수많은 카메라들이 마당 여기저기에 세워져 있고 기자들이 둘 셋씩 모여 웅성거리고 있었다.

대웅전 앞에 선 사내가 두 손을 모아 합장을 했다. 울긋불긋한 글귀가 지붕에 걸려 휘날리고 있는 대웅전 계단을 올라갔다. 커다란 유리미닫이문을 열고 사내가 대웅전 안으로 들어섰다. 배낭을 내려놓고 신발 끈을 푼 사내가 주위를 두리번거리다 중앙에 있는 기둥 옆의 빈 방석으로 가서 앉았다. 자리에 앉아 고개를 든 사내가 대웅전 정면에 있는 세 개의 커다란 금박 불상을 올려보았다. 겉옷을 벗고 이내 절을 하기 시작했다. 최대한 느린 호흡으로 108배를 마친 사내가 자리에 앉아 결부좌를 튼 채 눈을 감았다. 어머니…….사내의 입에서 가는 소리가 새어나왔다.

조계사에서 나온 사내가 도로의 횡단보도 앞에 서있다, 돌아섰다. 절 입구 돌바닥에 여전히 허리를 숙인 채 엎드려 있는 걸인 사내의 앞에 섰다. 동전 몇 개뿐인 낡은 모자에 사내가 만원 지폐 한 장을 놓자 걸인 사내가 돈을 보곤 고개를 들어 사내를 보았다. 돌아선 사내가 다시 도로로 나가 주위를 두리번거리다 안국동 사거리 표지판을 보고 걷기 시작했다.

7시간 30분 전.

안국동 사거리에 도착한 사내가 왼쪽으로 걸음을 옮겨 광화문 방향으로 걸었다. 정복을 입은 경찰들의 숫자가 눈에 띄게 늘어났다. 배낭을 메고 검은색 점퍼에 검은색 모자를 쓴 사내를 경찰들이 쳐다보았다. 일본대사관 들어가는 길목에 중무장한 경찰병력이 방패를 든 채 꿋꿋이 서있었다. 경복궁 담장 길을 따라 사내가 걷기 시작했다. 길 건너편 국립현대미술관 카페 안에서 사람들이 호젓하게 커피를 마시며 평화로이 담소를 나누고 있었다.

경복궁 담을 따라 걷는 사내의 눈에 골목골목마다 중무장 차림으로 무리지어 휴식을 취하고 있는 경찰들이 보이기 시작했다. 가파른 오르막길이 나타났다. 도로 중앙에 청와대 앞길 교통통제라는 표지판이 보였다. 깃발을 든 사내의 뒤를 따라 한 무리의 사람들이 톤 높은 중국어로 대화를 하며 사내를 지나쳤다. 자연스럽게 사내가 그 무리의 중간에 휩쓸렸다. 검은색 점퍼의 사내들이 군데군데 선 채 지나가는 사람들을 날카롭게 쳐다보고 있었다. 오르막길 정상에 도착한 사람들이 여기저기서 사진을 찍었다. 청와대를 배경으로 사진을 찍는 사람들 속에서 사내가 북한산 쪽을 한참 바라보았다. 그런 사내의 곁으로 검은색 두꺼운 가죽점퍼를 입고 길 한편에 서 있던 중년의 사내가 소리 없이 다가왔다.

"어떻게 오셨습니까?"

위력이 담긴 목소리의 중년 사내가 날카로운 눈초리로 물었다.

"연말연시 휴가라 보신각 타종식 좀 보려고 지방에서 왔습니다. 온 길에 청와대 구경도 좀 하려고 들렀고요."

대수롭지 않게 사내가 말했다.

"그러세요? 죄송하지만 신분증하고 그 배낭 좀 볼 수 있을까요?"

정중한 어투이지만 부탁하는 내용이 아닌 강압적인 목소리였다.

"그러세요."

바지 주머니에 있는 지갑에서 신분증을 꺼내 건네 준 사내가 어깨에 매고 있던 배낭을 앞으로 돌렸다. 사내에게서 신분증을 받아든 중년의 사내가 사람들 뒤쪽으로 빠졌다. 사내가 중년 사내의 뒤를 따라갔다. 신분증을 들여다보던 중년의 사내가 사내를 잠깐 쏘아 보나싶더니 건네받은 배낭을 바닥에 내려놓았다. 무릎을 굽히고 앉은 중년의 사내가 배낭의 지퍼를 열었다. 고개를 기웃하여 배낭 안을 들여다보더니 안에 있는 물건을 배낭 밖으로 꺼냈다. 사각으로 접은 얇은 모직 담요, 면 티셔츠, 바지, 속옷, 수건, 세면도구, 두꺼운 양말 몇 켤레. 그런 중년의 사내를 사내가 말없이 내려다보았다. 배낭 안에 모든 것을 꺼낸 중년의 사내가 배낭을 거꾸로 들어 털기 시작했다. 중년의 사내가 일어나 손을 털며 됐다고 말했다. 중년의 사내가 모두 꺼내 놓은 것들을 사내가 다시 하나씩 배낭에 담기 시작했다.

"협조해 주셔서 고맙습니다. 구경 잘하시고 가세요."

사무적인 목소리로 말을 마친 중년의 사내가 다시 제 자리로 돌아갔다. 배낭을 들러 멘 사내가 '神武門' 이라고 적힌 아치형 석조 출입구를 통해 경복궁 쪽으로 들어갔다. 작은 광장이 나타났고 매표소와 출입구가 있었다. 사내가 몸을 뒤로 돌려 왼쪽 눈을 감고 오른쪽 눈을 가늘게 떴다. 가늠쇠 구멍 같은 아치형 석조 통로 너머 정중앙에 청와대를 한참 바라보다 돌아섰다. 사내가 표를 구매하여 경복궁 경내로 발길을 옮겼다. 왕비의 침전인 교태전을 지나 부지런하게 정치하라는 뜻의 근정전 앞 돌계단에 사내가 앉았다. 앙상한 나뭇가지에 간신히 매달려 있는 바짝 마른 나뭇잎들이 스산한 겨울바람에 바들바들 떨고 있었다.

6시간 30분 전.

광화문으로 사내가 나왔다. 삼거리 큰 도로 곳곳에 시커멓게 깔려있는 중무장한 경찰병력들이었다. 사내가 나온 출입문 앞에 긴 창을 든 두 명의 포졸 복장이 서있었다. 꼼짝도 하지 않았다. 누군가 다가가 툭 건드리니 눈을 깜박거렸다.

"사람이야! 살아있어!"

두 포졸의 곁에 사람들이 서서 V자를 그리며 사진들을 찍었다. 두 포졸이 하는 일은 광화문을 지키는 것이 아니라 관광객들의 사진모델이 되어주는 것이었다.

사내가 횡단보도를 건너 광화문 광장으로 발길을 옮겼다. 대한민국역사박물관 바로 곁에 똑같은 높이의 건물을 바라보았다. 성조기가 한겨울 바람 속에서 매섭게 펄럭이고 있었다. 성조기가 나부끼는 건물 바로 앞 광장에 세종대왕이 굳게 입을 다문 채 묵묵히 앉아있었다. 사내가 발길을 옮겨 광화문역으로 들어가는 지하도 윗길을 지났다. 한겨울 하늘 아래 긴 칼을 허리에 차고 눈을 부릅뜬 채 정면을 똑바로 바라보고 있는 이순신 장군 동상 앞에 섰다.

사내가 이른 아침에 도착했을 때 보다 세종대로 사거리 풍경이 살벌해져 있었다. 아침나절에만 해도 듬성듬성 빈 곳이 보이던 양쪽 도로에 경찰버스들이 빽빽이 대어져 있었다. 사내가 사거리 횡단보도에 걸려 있는 커다란 사각 현수막을 보았다. 보신각 타종식에 따른 교통 통제 구간이었다. 보신각을 중심으로 교통통제 구간인 빨간 선이 동서남북으로 그어져 있었다. 보신각에서 한참 떨어져 타종식과는 관계없는 청계광장도 빨간 선 끝자락에 묻어있었다. 교통 통제가 시작되면 빨간 선 구간 전체는 경찰들이 통제를 할 것이라는 설명이 친절하게 적혀있었다. 사람들의 통행은 오직 경찰이 열어놓은 한 곳을 통해서만 들어오고 나갈 것이었다. 보신각 주변의 도로 양쪽에 경찰버스들이 촘촘히 세워져 있을 것이기에, 가두리 양식장처럼 사람들이 그 안에서만 바글바글 머물며 제야의 종소리를 들을 것이었다.

세종로 사거리의 대한감리교본부 건물이자 동화면세점이라 적힌 건물 앞에서 10여명의 사람들이 옹기종기 모여 있는 것이 사내의 눈에 들어왔다.

"우리나라가 어떻게 일구어 낸 나라입니까. 그런데 빨갱이 종북 세력들이……."

귀를 찢는 여자의 날카로운 소리가 커다란 스피커를 통해 사거리에 쩡쩡 울리고 있었다. 그 뒤로 오른편에는 조선일보 건물이, 왼편에는 동아일보 건물이 주변 건물들을 압도한 채 우뚝 서 있었다. 찢어질 것 같은 여자의 목소리가 두 건물 사이에서 공명되어 온 거리를 서슬 푸르게 휩쓸고 있었다. 청계광장 소라탑 입구에서 서너 명의 남녀가 통기타를 치며 노래를 부르고 있었다.

"우리의 노래가 이 그늘진 땅에 따뜻한 햇볕 한 줌 될 수 있다면 어둡 산천 타오르는 작은 횃불 될 수 있다면……."

동그랗고 넓은 소라 입구 바로 앞에서 그들이 부르는 노래 소리가 소라탑 입구로 들어가 허공으로 솟아오르면서 점점 작아지고 있었다. 대신에 길 건너편 동화면세점 앞의 스피커 소리가 소라의 꼭지를 따라 아래로 내려와 청계광장을 쩡쩡 울리고 있었다. 광교다리가 나타나면서 오른쪽에 〈을지로1가〉 도로 표지판이 보였다. 오른쪽을 몸을 돌린 사내의 눈에 〈CAFE DE MARINE〉 라는 간판과 그 앞의 화단에 바람개비 조형물들이 들어왔다. 사내가 다가가 노란색 커다란 바람개비를 손가락으로 돌렸다. 바람개비가 돌아갔다. 사내가 입으로 훅! 불어보았다. 바람개비가 돌아가지 않았다. 사내가 있는 힘껏 후-우-욱! 하고 불어보았으나 바람개비는 꿈쩍도 하지 않았다.

사내가 명동성당 입구에 섰다. 성당 보수공사로 칸막이를 설치해 놓은 입구가 드나드는 수많은 사람들로 무척 혼잡스러웠다. 검은 사제복을 입은 신부들과 수녀들이 바쁘게 오가고 있었다. 명동성당 오르막길을 오른 사내가 중세시대 암흑의 하늘을 찌르던 날카로운 창 같은 건물 본당을 올려다보았다. 본당 안 입구에서 성수를 찍어 이마에 묻힌 사내가 성호를 그었다. 줄지어 선 긴 의자의 가장 뒷자리에 앉은 사내가 두 손을 모으고 눈을 감은 채 고개를 숙였다. 본당에서 나온 사내가 마당 한편에 있는 사무실로 들어갔다.

"죄송해요. 오늘은 제야 미사 준비도 있고 해서 예약이 되어 있지 않으면 신부님들이 도저히 시간이 안돼서요."

"괜찮습니다."

고해성사를 신청하던 사내가 인사를 하고 사무실을 나섰다. 사무실에서 나온 사내가 성당 마당에서 계성여고로 통하는 문 쪽으로 걸어갔다. 성당 본당 아래에 있는 고해성사실로 들어섰다. 다닥다닥 붙은 고해성사실에 빨간 불이 모두 들어 와 있었다. 사내가 고해성사실 앞에 있는 대기자 의자들 맨 뒤편에 앉았다. 깍지 낀 두 손 위에 숙인 이마를 기댄 사내가 눈을 감았다.

명동성당을 나온 사내가 서로 어깨를 부딪치며 걸을 수밖에 없는 혼잡한 명동거리를 지나 큰 도로에 나섰다. 연말연시 분위기에 들뜬 사람들, 선물을 사는 사람들, 데이트를 즐기는 연인들로 대형백화점 주변이 온통 사람들로 가득 메워져 있었다. 도로 한쪽에 길게 늘어선 관광버스에서 중국 관광객들이 빨간 깃발을 든 사람의 꼬리를 물고 연이어 내렸다. 중국 관광객들이 지나가자 일본어로 호객행위를 하던 노점상들이 일제히 중국어를 소리 높여 외치기 시작했다. 새벽부터 내내 사내의 눈에 보이던 완전무장한 로보캅 같은 경찰이 명동 거리에는 전혀 보이지 않았다. 빨간 교통 통제봉을 든 친절한 미소의 경찰들이 드문드문 보일 뿐이었다. 제야의 분위기에 한껏 들뜬 평화로운 모습의 사람들 속에 서 있던 사내가 을지로 입구 쪽으로 몸을 돌렸다. 을지로 입구에 도착한 사내가 도로 표지판 아래서 시청 방향 쪽으로 횡단보도를 건넜다. 명동거리에서 벗어나자마자 다시금 시커먼 경찰병력들이 사내의 눈에 보이기 시작했다.

4시간 30분 전.

시청 주변에 다다르자 도로 곳곳에 경찰버스들이 주차되어 있었다. 시청광장이 보이기 시작했다. 시청 광장 정문에 도착한 사내가 시청 정면 외벽에 걸린 커다란 현수막을 올려다보았다.

-괜찮아 바람 싸늘해도 사람 따스하니까.

글귀를 사내가 한참 바라보았다.

서울광장 스케이트장. 사각 진 광장에 동그랗게 조성되어 일장기 같은 형태의 스케이트장이었다. 동그란 스케이트장 안에 사람들이 가득

차 있었다. 손에 손을 잡고 알록달록한 옷을 입은 채 스케이트를 즐기는 젊은 남녀들, 아장아장 걸음 걷는 어린 아기 손을 양쪽에서 잡고 가는 젊은 부부, 하얀 백발을 휘날리며 멋지게 스케이트를 타는 노년의 신사. 사내가 걸음을 멈추었다. 스케이트장 밖에서 안과 밖을 가르는 담장에 두 팔을 걸치고 물끄러미 사람들을 바라보았다. 백색의 얼음 위에서 스케이트를 즐기는 형형색색의 사람들과 담장 너머에서 그들을 우두커니 바라보는 검정색 복장의 사내 위로 한겨울 차가운 햇살이 비추고 있었다.

한참 사람들을 바라보고 있던 사내가 주위를 두리번거렸다. 털모자에 빨간색 등산점퍼, 빨간색 누비바지, 갈색 털신으로 단단히 무장한 채 한겨울 속에 우두커니 쪼그리고 앉아 있는 60대 중반의 여자에게 사내가 다가갔다. 여자 곁에 동그란 스텐리스 통이 세워져 있고 그 곁에 구멍 뚫린 굵은 플라스틱 시장바구니가 놓여있었다. 사내가 자신에게 다가오자 여자가 사내를 올려다보았다.

"어, 또 왔네."

사내를 본 여자가 웃었다. 그런 여자에게 사내가 가볍게 목례를 했다. 사내가 무어라 하지 않았는데도 앉아있던 여자가 일어나 시장바구니에 담긴 긴 종이컵들에서 컵 하나를 꺼냈다. 갈색 병들의 뚜껑을 각각 열어 커피와 크림과 설탕을 종이컵에 덜어 넣었다.

"근데 왜 아직 안 내려갔어?"

여자의 말에 사내가 말없이 미소를 지었다.

"오늘 장사 어땠어요?"

"뭐 그래. 그래도 엊그제 집회가 컸잖아. 그 날 한 달 팔 거 다 팔아서 괜찮아. 오늘은 또 여기 이렇게 있으면 스케이트 타고 나오는 사람들이 제법 사 먹어."

여자가 웃으며 말했다.

"근데 어떡하지 오늘은 컵라면 안 가져 왔는데. 아, 오늘 파업 철회했다며? 그럼 뭐야? 엊그제 결사투쟁하겠다고 결의한 집회는? 올 한해 안 넘기려고, 마무리 질려고 짜고 친 고스톱 집회였던 거야?"

뜨거운 커피를 건네며 연신 말을 거는 여자에게 사내가 말없이 미소만 지었다.

"그게 뭐야. 할려면 끝까지 하든지. 죽도 아니고 밥도 아니고. 그래야 나 같은 사람도 쫓아 댕기면서 그나마 먹고 살텐데. 하여튼 두고 봐. 여자가 한을 품으면 오뉴월에도 서리가 내린다는 옛말이 괜히 생긴 게 아냐. 이쪽에서 물러나면 재들도 그만큼 물러날 것 같지? 천만에. 내 보기엔 사람들 앞으로 지금보다 더 호되게 아주 된통 당할 거야."

받아든 뜨거운 커피를 두 손으로 받친 채 여자의 말에 사내가 가볍게 고개를 끄덕였다.

"2008년 촛불 때는 정말 대목이었는데 요샌 별로야. 사람들이 예전만큼 안 나와. 아무리 날이 춥기는 해도 말이야."

사내에게 커피를 건넨 여자가 고개를 뒤로 돌려 스케이트장 안을 바라보았다.

"좋겠다. 행복한 나라에서, 행복한 대통령 밑에서, 저렇게 행복해서들."

동그란 스케이트장 안을 담장 밖에서 바라보며 여자가 말했다.

"그래도, 이번 파업은 철회해도, 앞으로 2차 집회 3차 집회 한다니까 그때는 사람들이 좀 나올 거에요."

사내가 말했다.

"해야지 하나보다 하는 거지 뭐. 그렇잖아? 내가 이 바닥 장사 하루

이틀 했나. 그래도 어떻게 해. 기다려봐야지. 나야 죽으나 사나 집회 현장 쫓아 다니면서 먹고 사는 사람이니까 말이야. 근데 저것들은 오늘 집회도 없는데 왜 저렇게 시커멓게 진을 치고 지랄이야 지랄이."

여자가 시청 주변에 늘어서 경찰버스와 군데군데 열을 맞춰 무리지어 다니는 경찰들을 보며 말했다. 커피를 다 마신 사내가 여자에게 만 원 한 장을 건네자 여자가 주머니에서 천원 지폐들을 꺼내어 세기 시작했다. 그런 여자에게 사내가 미소를 지으며 가볍게 고개를 가로저었다. 여자가 의아한 눈으로 사내를 쳐다보는데, 가볍게 여자에게 인사를 한 사내가 돌아서 대한문 쪽으로 걸어갔다.

"고마워. 새해 복 많이 받고. 건강하고. 아, 나 오늘밤 보신각 종치는 데 있을 건데 컵라면들 가지고 갈 거야. 오면 나 찾아와. 서비스로 그냥 줄게!"

여자가 걸어가는 사내의 뒤편에서 큰소리로 말했다. 여자의 말에 사내가 고개를 뒤로 돌려 미소를 지으며 손을 흔들어주었다.

1시간 30분 전.

서울역 광장에 들어선 사내가 우뚝 서 있는 동상 앞에 섰다. 흰 도포 자락 휘날리며 한 손에는 수류탄을 꼭 움켜쥐고 다른 한 손은 주먹을 꼭 쥔 채 당장이라도 앞으로 뛰쳐나갈 것 같은 비장한 몸짓에 표정이었다. 강우규 의사의 동상을 바라보며 서 있는 사내의 곁으로 광장을 순찰하는 한 무리의 경찰이 지나갔다. 대합실로 가는 계단을 올라간 사내가 몸을 돌려 서울역 광장 맞은편에 우뚝 서있는 벽돌색 〈SEOUL SQURE〉 건물을 바라보았다. 건물의 바로 옆에 절반도 되지 않는 높이로 바짝 달라붙은 남대문경찰서. 조그만 유리 건물에 반사된 따가운 햇살이 주변에 온통 퍼지고 있었다. 그 속으로 경찰버스들이 어딘가에

서 끊임없이 오고 또 어딘가로 끊임없이 가고 있었다. 반사된 햇살에 눈살을 찌푸리던 사내가 광장 왼편으로 고개를 돌렸다. 연세라는 글자가 써진 커다란 건물 앞에 긴 고가도로가 눈길을 가로 지르고 있었다.

서울역사 뒤편에 계단으로 사내가 내려왔다. 서울역P주차장이라고 쓰인 곳을 향해 걸어갔다. 바지 주머니에서 키홀더를 꺼내 버튼을 눌렀다. 승합차 한 대에 불이 깜빡깜빡 들어왔다. 차에 다가가 문을 열고 올라탄 사내가 차에 시동을 걸었다. 관리사무소에서 주차비를 치르다 잔돈을 거슬러주려는 직원에게 사내가 됐다고 미소를 지으며 담배 한 개비를 부탁했다. 계산을 끝낸 사내가 빈 지갑을 보며 쓸쓸하게 웃었다. 주차장 입구 도로가에 차를 세운 사내가 자동차 시거잭을 달구어 담배에 불을 붙였다. 깊게 한 모금을 빨아들인 사내가 숨을 참았다. 잠시 눈을 감고 있던 사내가 차에 시동을 다시 걸었다. 서울역 후문 앞 횡단보도에 빨간 불이 들어왔다. 사내가 차를 세웠다. 사람들이 사내의 차 앞을 지나갔다. 운전대에 두 손을 모아 얹은 사내가 고개를 잠시 숙였다. 뒤에서 차들이 경적을 울리며 사내를 재촉했다. 고개를 든 사내가 팔목의 시계를 보았다. 오후 5시. 파란불이 들어왔다. 사내가 탄 차가 서서히 앞으로 나아가기 시작했다. 500여 미터 앞에 고가 도로가 보였다. 전방 도로 위에 걸린 표지판에 빨간불과 파란불이 연달아 깜빡였다. 돌아갈 수 없다는 유턴금지 표시를 사내가 올려다보았다. 망설임 없이 계속 차를 직진시킨 사내가 고가 도로에 진입했다.

"여보시오, 게서 뭐 하시오."

"세상 구경합니다."

"아니 세상 구경 뭐 할 거 있다고."

"아름다워서요."

“시퍼렇게 젊은 사람이 시덥기는 원.”

뉘엿뉘엿 해 저물어 가는 서울역 앞 고가 난간에 사내가 차를 세웠다. 고가 아래에서부터 휘적휘적 비질을 하며 올라 온 늙은 청소부가 사내에게 물었다

“차가 고장 났어요?”

“아닙니다.”

“근데 왜 여서 차를 세우고 있어요?”

“세상이 고장 나서요.”

“거, 여서 차 세우고 그러면 안 돼요, 위험해요.”

“네.”

“어여 내려가요. 경찰이 보면 요새는 벌금 많이 물어요.”

“네, 곧 내려 갈 겁니다.”

사내가 쑥스럽게 웃으며 대답하였고 늙은 청소부는 그런 사내가 미덥잖지만 갈 길 가는 데, 가다 어쩐지 그래도 영 미덥잖아, 고가 난간에 여전히 우두커니 선 채 정면을 바라보는 사내를 뒷눈질 하면서, 휘적휘적 고가 다 내려와 연말 수당이라 올해는 나올 돈 얼마나 되려나 생각하는데…….

서울역 앞 고가 난간에 긴 현수막 두 개가 걸려 허공에 휘날렸다. 현수막을 늘어뜨린 사내가 굵은 쇠사슬을 꺼내어 스스로 제 몸을 칭칭 감아 묶기 시작했다. 고가 난간 아래로 빨간 바탕에 하얀 고딕체 글씨, 하얀 바탕에 검정색 고딕체 글씨가 써진 긴 현수막 두 개가 바람에 이리저리 휘날렸다. 서울역 광장을 지나던 사람들이 현수막을 보고 웅성거리기 시작했다. 고가 끝에서 경찰 두 명이 사내가 있는 지점을 향해서 뛰기 시작했다. 순간, 불길이 일었다. 시뻘건 불길이 갑자기 일면서 연기가 나기 시작했다. 하얀 연기가 나는 가 싶더니 이내 검은 연기가

꾸역꾸역 고가 위로 피어올랐다. 한 점 불꽃이 희고 검은 연기 속에서 점점 격렬하게 커지면서 시뻘건 불기둥이 되고 있었다. 서울역 광장에서 고가 위 시뻘건 불기둥을 바라보는 사람들 사이에 외마디 비명들이 터졌다. 산 채로 생살이 타들어가는 끔찍한 냄새가 겨울하늘 아래 진동을 했다.

한바탕 시뻘건 불길이 휩쓸고 지나간 시커먼 자리에 고가 도로를 내려갔던 늙은 청소부가 다시 불려왔다. 타다 남은 앙상한 잿더미들을 쓸어 모으며 비질을 하다 잠시 허리를 펴고 황금색 끝자락 석양을 바라보았다. 사내가 서있던 자리에 서서 각자 제 갈 길 가기에 바쁜 세상을 물끄러미 바라보았다.

한해의 마지막을 보내고 새해를 맞이하는 제야 종소리가 텔레비전에서 울려나왔다. 창밖에 한겨울 칼바람 속 차가운 어둠이 무심히 깊어가는 밤, 늙은 청소부가 소주잔을 기울이며 사내를 생각했다. ■

길과 길

정 수 남

주영이가 올까.

집을 나서면서부터 시작된 우리의 입씨름은 중부고속도로를 벗어나기 전까지 계속되었다. 남편은 오지 않을 수도 있다고 했으나 나는 작년에도 왔고, 재작년에도 왔으니까 올해에도 틀림없이 올 거라고 우겼다. 물론 주영이가 혼자 올 수는 없었다. 늘 누군가 데려다주고 돌아갔다. 그런 까닭에 주영이가 오고 싶다고 해도 데려다주는 사람에게 사정이 생기면 못 올 수도 있다는 것은 나도 알고 있었다. 남편이 주장하는 근거도 그것이었다. 반드시, 틀림없이, 라는 생각은 하지 말라는 게 그거였다. 너무 기대하지 않는 게 좋아. 남편은 기대했다가 내가 실망하지 않을까 걱정하는 말투였다. 그러나 나는 그렇게 생각하지 않았다. 다른 날이라면 몰라도 오늘만큼은 반드시, 어떤 일이 있어도 꼭 와야 하며, 또 올 것이라고 믿었다. 누구 핏줄인데……. 그래서 남편의 핀잔을 들으면서도 어젯밤 음식 또한 그만큼 정성을 다해 준비한 것 아니겠는가.

시대가 그런 걸 어떡하나.

남편은 일죽으로 빠지는 IC가 2킬로 남았다는 이정표가 나타나자 자동차를 2차선으로 붙이며 속도를 줄였다. 뒤에서 줄곧 우리 차를 따라오던 흰색 그랜저가 금방 멀어져갔다. 지금이 어떤 때인데……. 집을 나설 때부터 떫은 감을 씹은 듯 인상을 쓰던 남편이 나를 힐끗 돌아보며 혀끝을 찼다. 왜 그럴까? 무슨 꿍꿍이속이 있나? 그러나 말은 그렇게 해도 남편 역시 그 아이가 오기를 은근히 바라고 있다는 것을 나는 그의 얼굴에서 읽을 수 있었다.

날씨는 맑았으나 아침 기온은 차가웠다. 환기를 시키기 위해 잠시 차창을 내렸던 나는 찬바람이 얼굴을 때리자 얼른 도로 올리고 말았다.

작년에 만났던 주영이는 중학생답게 제법 의젓한 데가 있었다. 아무데서나 천방지축 까불어대던 철없는 아이가 아니었다. 몰라볼 만큼 키도 많이 자랐고 변성기를 지난 목소리도 제법 어른스러웠다. 가장 놀라웠던 것은 자신이 왜 거기에 와야 하는지를 알고 있다는 점이었다. 그런 점에서 보면 지금은 비록 남남이 되고 말았으나 며느리가 고맙기도 했다.

그래도 나는 올 거라고 믿어.

그럼 오죽이나 좋아.

됐네, 그럼.

핸들을 장호원 방향으로 꺾으면서 남편은 피곤한 듯 눈을 두어 번 껌벅거렸다. 하긴 칠십 넘은 나이에 세 시간 가깝게 운전하고 왔다는 건 무리일 수도 있었다. 더구나 어젯밤 눈을 제대로 붙이지 못한 것은 그도 마찬가지 아니겠는가.

당신이 받을 실망이 클까 봐서 그러는 거지.

장호원 시내를 벗어나 제천 방향으로 좌회전하면서 남편이 혼잣말처럼 중얼거렸다. 5월 중턱에 들어선 산자락은 어느새 연초록 천지였다.

나는 그사이에 혹시라도 연락이 오지 않았을까, 하는 마음에 손에 들고 있던 핸드폰을 열었다. 그게 소용없다는 건 이미 알고 있었다. 그러나 버릇이 되어 나도 모르게 손이 가는 건 어쩔 수 없었다. 그러나 핸드폰에는 중앙방역대책본부에서 전송한 안전 안내 문자와 자치단체에서 보낸 확진 발생 문자가 두어 개 들어와 있을 뿐이었다. '소망요양병원 방문자는 증상과 관계없이 가까운 보건소나 임시 검사소에 가셔서 반드시 검사받기 바랍니다…….'

아침부터 딸은 마치 어린아이에게 하듯 나를 야단쳤다. 언제까지 그 망령 붙들고 살 거냐며, 이제는 그만 머릿속에서 지워버리라고 했다. 나는 대꾸하지 못한 채 듣고만 있었다. 딸의 말은 하나도 그른 데가 없었다. 나도 할 수만 있다면 그렇게 하고 싶었다. 그러나 그걸 어떻게 가위로 잘라내듯 싹둑, 잊어버릴 수 있단 말인가. 나는 머리를 설레설레 흔들었다. 자식 먼저 보낸 어미 마음을 네가 아느냐고 대거리를 하려다가 다리 힘살이 풀려 그만 식탁 의자에 주저앉고 말았다. 마스크 꼭 챙겨 가지고 가. 휴게실 들어갈 땐 꼭 쓰고. 다행히 출근 시간에 쫓긴 듯 딸은 더 이상 긴 사설을 늘어놓지 않았다. 저녁에 잠시 들르라는 말에 짜증 섞인 목소리로 '몰라, 몰라' 하고는 먼저 끊었다. 나는 공연히 전화를 걸었다고 후회했다.

뭐래?

안방에 있던 남편이 나오면서 물었지만 나는 대꾸하지 않았다.

하지만 남편은 벌써 대화의 내용을 짐작하고 있는 눈빛이었다. 그거 보란 듯, 입을 비죽 내밀고는 빈정거리는 투로 한 마디 던졌다.

그러니까 내가 뭐라고 그랬어. 우리끼리 그냥 조용히 다녀오자고 하지 않았어.

언제 챙긴 것일까, 남편의 손에는 어느새 하얀 마스크가 쥐어져 있었다.

딸의 신경이 날카로워진 것은 비단 어제오늘 일이 아니었다. 종배와 두 살 터울인 딸은 같이 자랄 때도 늘 그랬다. 하지만 수연이가 학교 가지 않고 집에서 공부하기 시작한 요즘 들어와서 그 증세가 더 심해진 것은 분명했다. 더구나 회사 일로 늘 외국 출장이 잦은 수연이 아빠가 잠시 영국을 다녀온 뒤 두 주일 동안 감옥살이하듯 집에서 꼼짝하지 못하고 자가 격리를 하게 되자 신경은 더 날카로워졌다. 누구를 탓해, 세상이 온통 그런 걸……. 위로 삼아 내가 말을 건네도 딸은 누그러들 줄 몰랐다.

신경이 날카로워진 것은 딸만이 아니었다. 단지 안의 301호 할머니, 202호 할머니도 마찬가지였다. 몇 달 전까지도 눈만 뜨면 허물없이 드나들던 사이였는데 요즘은 도통 내왕이 없었다. 사흘 전에는 열무김치 통을 들고 301호 문을 두드렸으나 얼굴도 보지 못한 채 돌아섰다. 고맙다고는 하면서도 문은 열어주지 않았다. 나는 어쩔 수 없이 문 앞에 그냥 플라스틱 통을 내려놓고 돌아설 수밖에 없었다. 202호는 그래도 301호보다는 좀 나은 편이었다. 마스크를 썼느냐고 물은 뒤 문은 열어주었다. 틀니까지 보이면서 활짝 웃는 모습에 서운한 마음이 조금은 가셨지만 그래도 집안으로 들어서는 나에게 손 소독부터 하라는 강다짐은 낯설기 짝이 없었다. 이게 뭐 하는 짓이냐고, 투덜거리는 나에게 202호 할머니는 오히려 종주먹을 들이대며 요즘 세상 돌아가는 것도 모르냐고, 지청구를 던졌다.

새잎이 돋기 시작한 게 엊그제 같은데 어느새 공원묘지 주변은 벌써 여름이 온 것 같았다. 때늦은 바람이 가끔 옷깃을 파고들었지만 그래도 오는 계절은 막지 못하는 모양이었다. 산소로 올라가면서 나는 가쁜 숨을 몰아쉬었다. 올 때마다 느끼는 것이지만 왜, 하필이면 이렇듯 높은 곳에 자리를 잡았는지 남편이 원망스러웠다. 이러다가 더 늙으면 혼자 걸어서 찾아올 수도 없을 것 같아 걱정스러웠다. 그것을 아는지 모르는지 양손에 삽과 음식 꾸러미를 든 남편은 앞장서서 올라가고 있었다. 구부정한 허리를 흔들거리며 걷는 남편의 모습이 마치 잘 마른 삭정이 같았다.

산소는 변한 게 없었다. 작년 가을에 왔을 때 양쪽 화병에 꽂아두었던 흰 국화가 마르고 시든 채 머리를 숙이고 있다는 것뿐, 봉분도 비석도 상석도 모두 물로 씻은 듯 깨끗했다. 한숨을 길게 토해낸 나는 멀리 내려다보이는 주차장을 살펴보았다. 주차장에는 검은색 승용차와 흰색 승용차가 한 대, 그리고 빈 트럭이 한 대 누워있을 뿐 조용했다. 주영이의 모습은 보이지 않았다. 나는 남편의 얼굴을 살폈다. 산소 주변을 한 바퀴 돌면서 잡초를 뽑고 있는 남편의 얼굴에서는 그러나 초조한 빛 따위는 엿볼 수가 없었다.

주영이가 올까?

글쎄 기대하지 말라니까.

그래도 오늘은 꼭 와야지요. 다른 날은 몰라도.

나는 문득 주영이가 명절 때 오지 않은 게 언제부터였는지 손가락으로 꼽아보았다. 작년 설에는 왔으나 추석에는 오지 않은 것 같았다. 산소 주변을 한 바퀴 돌던 남편이 지나가는 말투로 한마디 던졌다.

주영이는 주영이대로, 며느리는 또 며느리대로 사는 길이 있다니까.

남편의 손에는 어느새 잡초가 한 움큼 들려있었다. 내가 쳐다보자 남편은 그것을 내 앞으로 내밀며 혀를 찼다. 작년에 뿌리까지 샅샅이 뽑았는데도 또 이렇게 자랐어. 이놈들 생명력, 정말 끈질기지 않아?

나는 대꾸를 미룬 채 들고 온 철쭉 묘목을 남편에게 건네주었다. 남편은 그것을 묘역의 경계라고 할 수 있는 석축 끝으로 가지고 갔다. 여기가 좋겠지? 삽을 든 남편이 나에게 물었다. 나는 머리를 끄덕거렸다. 그것은 어제 내가 묘목가게에 가서 일부러 사 온 것이었다. 철이 철인지라 가격이 생각보다는 조금 비싼 듯했으나 나는 군말 없이 두 그루를 샀다. 철쭉이 산소 앞에서 해마다 피어나면 종배가 그래도 덜 외로울 것 같았다. 그렇지 않아도 산소 주변에 꽃이 넘쳐나는데 뭘 또 사 왔냐고 남편이 못마땅한 듯 한마디 했지만 나는 변명하지 않았다. 아들의 외로울 시간을 생각해봤냐고 대거리를 할까, 하다가 참았다.

됐어?

남편이 철쭉 묘목을 다 심고는 땅을 다지듯 운동화로 꾹꾹 밟으며 물었다.

그래요.

이번에도 나는 힘없이 머리로 대답했다. 왜 아직 오지 않는 것일까. 그러나 알아보고 싶어도 이제는 알 길이 없었다. 4년 전에 핸드폰 번호를 바꾼 며느리가 소식을 끊은 것은 그렇다 치고, 작년엔 주영이의 핸드폰 번호도 바뀌었다. 내가 그것을 알게 된 것은 작년 추석 무렵이었다. 추석에 올 거냐고, 묻기 위해 버튼을 눌렀으나 매번 그런 번호가 없다는 신호음만 들려왔다. 왜 그런지 모르겠다고, 묻는 나에게 딸은 콧방귀를 뀌며 서슴없이 쏘아붙였다. 엄마는 언제까지 그렇게 미련을 떨 거야? 그게 남남이 되겠다는 뜻이잖아. 그것도 눈치채지 못했어?

죽은 사람은 죽었으니까 이젠 잊어버리고, 산 사람은 자기들의 삶을 살겠다는데 왜 자꾸 치근덕거려, 볼썽사납게. 나는 아무 대꾸도 하지 못했다. 그렇구나. 그게 그 뜻이었구나. 곁에서 듣고 있던 남편까지 그걸 몰랐느냐며 눈을 흘겼다.

공원묘지 관리사무소가 썩 잘 관리하고 있구먼. 우리가 나설 게 별로 없을 정도야. 봐, 잡초 몇 개가 고작이잖아? 이젠 자주 올 필요도 없겠어.

남편이 손을 툭툭, 털며 상석 앞으로 걸어왔다. 나는 또 가슴이 철렁했다. 남편은 여기 올 때마다 빠트리지 않고 늘 한마디씩 군말을 덧붙였다. 오늘은 아침에, 부모가 아들 산소 벌초하러 다니는 집은 우리밖에 없을 거라는 말로 내 신경을 건드렸다. 그렇다면 앞으로는 여기도 자주 오지 말자는 얘기 아닌가. 면장갑을 벗는 남편의 등 뒤 숲속에서 이름 모를 산새가 요란하게 울어댔다. 저것들도 짝을 찾는 모양이구나. 하긴, 그럴 때가 되었지. 나는 남편을 외면한 채 하늘을 올려다보았다. 잉크를 뿌려놓은 것 같은 파란 하늘엔 이따금 솜털 같은 하얀 구름이 동쪽으로 흘러가고 있었다.

종배가 간 그날 오후도 점심 식사를 마친 나는 다른 때와 다름없이 아파트 단지 앞 할머니들이 잘 모이는 느티나무 아래 평상에 나가 앉아 수다를 떨고 있었다. 할머니들이 모이면 대개 살아가는 소소한 이야기들을 나누곤 하였는데 그날은 자식 자랑이 화두였다. 세 명의 아들을 둔 202호 할머니가 둘째 아들 자랑을 또 꺼내놓은 게 시작이었다. 뭘 자셨느냐, 어디 아픈 데는 없느냐, 전화하고는 어찌나 시시콜콜 물어대는지, 내가 아주 귀찮아 죽겠다니까. 202호 할머니는 그러나 싫지 않은 듯 말끝마다 입을 크게 벌리고 히죽히죽 웃었다. 결론은 뻔했다. 돈이 전부가 아니라는 것이었다. 육군 장교 계급장을 단 그를 나도 몇 번 본 적이 있는데, 그는 누구에게나 거수경례하는, 유난히 인사성이 밝은 젊은이였다. 나는 그녀의 입에서 소위 일류라고 지칭하는 여고 시절 이야기를 되풀이하지 않는 것만을 다행으로 여겼다. 그러다가 또 지난번처럼 사돈 이야기로 발전하면 어쩌나 싶었다. 301호 할머니도 예외는 아니었다. 몇 번씩 들어 이미 다 알고 있는 이야기를 늘어놓았다. 혼자 사는 자신을 안쓰럽게 여기는 아들 부부가 올 때마다 같이 살자고 하는 바람에 그걸 거절하느라 진이 다 빠진다는 거였다. 같이 살지 뭘 그래. 202호 할머니가 지나가는 말투로 거들자 그녀는 머리를 세게 흔들었다. 모르면 가만히 있어. 혼자 사는 것처럼 속 편한 게 어디 있다구. 나도 종배 이야기를 꺼냈다. 그러나 그날 나는 하나밖에 없는 아들, 종배의 자랑을 다 끝맺지 못했다. 허겁지겁 달려온 남편이 빨리 병원으로 가자고 팔을 잡아끌었기 때문이었다.

교통사고, 고속도로, 화물차가 덮쳤대. 나의 팔을 끌며 한발 앞선 남편이 다급하게 말했다. 그러나 나는 남편이 하는 말이 무엇을 의미하는지 금방 이해가 되지 않았다. 무슨 말이야, 아침에도 통화했는데? 나는 한동안 남편을 뚫어져라 쳐다보았다. 머리가 어지러웠다. 그날 내가 기억하는 것은 단지 여기저기에 심어놓은 철쭉이 흐드러지게 피어 있었다는 것이다.

그게 벌써 6년이 지나가고 있었다. 그러나 그날 이후에도 나는 종배를 잊은 적이 하루도 없었다. 부모가 죽으면 땅에 묻고, 자식이 죽으면 가슴에 묻는다는 말은 하나도 틀린 데가 없었다. 34살, 종배는 그날 이후 더 이상 나이가 들지 않은 채 내 가슴 속에 들어와 숨을 쉬고 있었다. 그의 방에 들어서면 책상 위에 세워놓은 사진 속의 그는 여전히 나를 향해 환하게 웃고 있었고, 그가 덮었던 이부자리에서는 아직도 그의 체취가 풍겼다.

왜, 아직 오지 않지?

얼마나 기다렸을까. 주차장 부근을 한동안 눈여겨보았으나 주영이의 모습은 끝내 보이지 않았다. 글쎄, 더 기다려봐야 헛일이야. 마음 접어. 남편의 채근을 견디지 못한 나는 상석 위에 가져온 음식을 진설해놓고는 봉분으로 시선을 돌렸다. 가까이 다가온 남편이 기도하자고 했으나 나는 눈을 감을 수가 없었다. 남편이 기도하는 중에도 신경이 자꾸만 주차장 쪽으로 갔다. 우리의 생사화복을 주관하시는 하나님 아버지……. 그러나 내 귀에는 그 말이 하나도 들어오지 않았다.

지금도 그때 안치실에서 마지막 본 종배의 얼굴을 생각하면 몸서리가 쳐졌다. 안된다는 것을 억지까지 써가며 가까스로 들어가 확인한 종배는, 종배가 아니었다. 흰 붕대로 칭칭 감은 머리 아래로 피범벅이 된 얼굴은 퉁퉁 붓고 푸르딩딩하게 변해 있었다. 마치 다른 나라 사람 같았다. 항상 웃는 얼굴이었던 아들을 상상했던 나는 나도 모르게 진저리를 쳤다. 아니, 얘가 주영이 아빠 맞아요? 나는 남편에게 몇 번씩 되물었다. 남편도 충격을 받은 듯 머리는 주억거리고 있었으나 넋을 잃은 얼굴이었다.

기도는 결국 남편 혼자 하고, 혼자 끝낸 셈이 되고 말았다. 십여 분 동안 혼자 중얼중얼 읊조리던 남편은 '아멘' , 하고 눈을 떴다. 나는 그 소리를 듣고 속으로 '아멘' 했다. 그러나 주차장을 향한 시선은 돌리지 않았다. 남편은 내 시선이 주차장에 고정된 것을 목격하면서도 으레 그러려니 생각한 듯 나무라지 않았다.

기도를 마친 남편이 허탈한 듯 손을 툭툭, 털며 나를 돌아보았다.

이젠 그만 내려가야지?

남편은 오래 머무르는 것조차 맘에 차지 않는 듯했다.

벌써?

나는 음식을 내려다보았다. 이걸 다 어쩌나. 이젠 중학생이 되었으니까 예전처럼 깨작거리지 않을 거라 짐작하고 많이 준비했는데……. 이럴 줄 알았으면 만들지나 말 것을……. 나는 나도 모르게 또 한숨이 터져 나왔다.

남편도 아까운 모양이었다. 한참 내려다보던 남편이 손을 뻗어 대구전을 집어 입으로 가져가면서 말했다.

그럼, 우리끼리 먹으면 되지.

나는 눈을 크게 떴다. 그건 주영이가 제일 좋아하는 것이었다. 그러나 주영이가 없는 판국에 아니 된다고 손사래 칠 수도 없었다. 전을 입에 넣고 우적우적 씹던 남편이 이번엔 그것을 집어 나에게도 권했다.

싫어.

싫긴, 먹어둬. 또 한참 올라가야 해.

나는 눈을 흘겼다. 도대체 저 사람이 눈치는 있는 걸까. 내 마음을 알고 있을 텐데도 모르는 척 대구전을 목구멍으로 넘기는 남편이 밉살스러웠다. 43년을 함께 산 사람이라고는 도무지 상상되지 않았다.

한번 손을 대기 시작한 남편은 입맛까지 다시면서 이번엔 김밥으로 손을 가져갔다. 그뿐만이 아니었다. 생수병을 왼손에 들고는 나무젓가락을 찢어 겉절이도 잡채도 가오리무침도 헤집어 놓았다.

끌탕 하지 말고 먹어. 배곯으면 자기만 손해야.

겉절이를 씹으며 남편이 나를 돌아보았다.

그러나 나는 손을 댈 수가 없었다. 이따금 주차장에 새 차가 들어와 정차할 때마다 긴장하곤 하였으나 주영이가 내리는 모습은 여전히 찾아볼 수가 없었다. 장의 버스가 한 대 미끄러져 들어왔다. 그 뒤를 이어 승용차들이 몇 대 줄을 이어 들어와 멈췄다. 두건을 쓰고, 까만 상복을 입은 남자들이 아주 조그맣게 보였다. 흰 마스크를 쓰고 오르내리는 사람들이 모두 가면을 쓴 것 같았다. 이런 애가 아닌데……. 나는 가슴이 바짝바짝 탔다. 이런 생각은 부정 탄다고 꺼린다지만, 정말 코로나에 걸린 게 아닐까, 하는 불길한 생각까지 들었다. 경험해본 적이 없어 잘은 모르지만 걸렸던 사람들의 얘기를 종합하면 고생이 이만저만 아니라고 하던데……. 그것 때문에 죽은 사람이 허다하다고, 날마다 언론매체가 떠들지 않는가. 정말 그렇다면 키만 컸지 아직 다 자라지도 않은 아이인데 얼마나 고생할까. 가슴이 무너졌다. 재혼한 며느리의 상대가 어떤 인품을 지닌 남자인지는 모르지만, 혹시라도 전염시킬까 철저히 격리하고, 죄인처럼 괄시하는 것은 아닌지, 걱정스러웠다.

혹시 코로나에 걸린 건 아닐까?

글쎄. 그럴지도 모르겠군.

그러나 남편은 걱정하는 눈빛이 아니었다. 데면데면한 얼굴이었다. 그는 그것보다는 왔던 길을 다시 되짚어 올라갈 게 걱정된다는 듯 손목시계를 자주 들여다보았다. 휘 휘, 삐삐 삐 삐이, 숲속 어디선가 다시 새소리가 들려왔다.

서둘러. 퇴근 시간과 맞물리면 고생해.

나는 더 이상 버틸 수가 없었다. 남편의 빗발치는 채근 때문만은 아니었다. 오지 않는 주영이를 더 이상 기다린다는 게 문득 무모하다는 생각이 들었던 탓이었다. 한숨을 길게 뱉어낸 나는 결국 일어나 풀어놓았던 음식을 주섬주섬 챙기기 시작했다. 입을 대지 않은 것은 집으로 가져갈 요량이었고, 남편이 먹다가 남긴 것은 늘 해왔던 대로 내려가다가 묘지관리사무소 앞 음식물 쓰레기통에 버릴 셈이었다.

앞서 걷는 남편 뒤를 따라 돌계단을 내려서자 산자락을 타고 내려온 바람이 내 등을 슬그머니 떠밀었다.

주영이는 끝내 볼 수가 없었다.

빨리 타지 않고 뭘 해.

주차장에 도착하자마자 짐을 재게 트렁크에 실은 남편이 잠시 머뭇거리는 나를 향해 탑승을 재촉했다. 그러나 나는 남편처럼 쉽게 자리를 뜰 수 없었다. 이제 가면 한동안은 찾지 못할 터인데……. 나는 공원묘지 C-8 구역 꼭대기에 누워있는 종배 산소 쪽을 한 번 더 올려다보았다. 그 구역으로 올라가는 길에는 승용차들이 버스 뒤로 길게 줄지어 엎드려있었다.

결국 내가 남편의 재촉을 견디지 못하고 차에 오른 것은 다시 장의버스 한 대가 주차장에 들어온 뒤였다. 장의차 문이 열리자 상복을 입은 사람들이 마스크를 쓴 채 우르르 쏟아져나왔다. 화장실로 달려가는 사람, 관리사무소로 들어가는 사람, 피곤한 듯 서서 스트레칭을 하는 사람, 담배를 부쳐 무는 사람들로 잠시 주차장이 장터같이 부산스러워졌을 때 우리는 그들을 차창 밖으로 흘리면서 공원묘지 출입구를 빠져나왔다.

일죽 I · C를 벗어나기 직전 남편은 커피나 한 잔씩 하자면서 도로변에 걸린 간판이 유난히 큰 휴게소로 핸들을 돌렸다. 그렇지 않아도 따뜻한 아메리카노 생각이 간절했던 나는 토를 달지 않았다. 휴게소는 한산했다. 가끔 마스크로 얼굴을 가린 사람들이 경계하듯 지나갈 뿐

휴게실 주차장도 텅 비어 있었다. 나는 휴게실 계단 위에 있는 야외테이블에 앉았다. 커피는 남편이 주문했다. 잠시 뒤 검은색 머그잔을 양손에 들고 다가온 남편이 앉으면서 작정한 듯 무겁게 입을 열었다.

이젠 보내주자구.

뭘? 벌써 보내줬잖아?

나는 뜬금없이 그게 무슨 말인가, 되물었다.

아니, 우리 맘에서도, 아주…….

남편은 나와 눈을 마주치지 않으려는 듯 길 건너편으로 시선을 돌렸다. 나는 나를 외면하고 있는 남편의 옆얼굴을 건너다보면서 머그잔을 입으로 가져갔다. 조금 전까지 맑았던 하늘엔 어느새 짙은 구름이 잔뜩 몰려와 있었다.

생각해 보니까, 딸아이 말이 하나도 그른 데가 없어. 그게 우리가 살아갈 길이라는……. 하긴, 우리도 이제 얼마 남지 않았지만…….

남편은 혼잣말처럼 아주 낮은 소리로 중얼거렸다.

나는 잠자코 있었다. 아메리카노 맛이 왠지 씁쓸했다. 이 집 맛이 그런가. 아님, 내 입맛이 변했나, 나는 얼굴을 찡그렸다. 바람이 주차장 주변의 나뭇가지를 이따금 흔들고 지나갔다.

남편이 다시 말을 이었다.

당신은 어때?

나는 대꾸를 미룬 채 남편을 쏘아보며 눈살을 찌푸렸다. 주차장 바깥 도로 위로 짐을 가득 실은 트럭이 매연가스를 내뿜으며 힘겹게 가고, 그 뒤를 승용차들이 길게 늘어서서 따라가고 있었다.

나도 날마다 보내자고 다짐하곤 해. 근데, 어떻게 보내? 아직도 내 가슴에는 종배가 살아있는데…….

그건 사실이었다. 또 그게 내 유일한 위로이기도 했다.

오늘 올라가는 대로 책상 위에 있는 사진부터 치워, 가족사진도 내려놓고. 눈에 보이는 그 아이의 흔적을 우리 주변에서 아주 싹, 전부 없애자고. 눈에 보이지 않으면 마음에서도 조금씩 멀어지지 않겠어? 그게 우리가 제일 먼저 할 일이야. 그 아이 방도 딸아이 말대로 이젠 깨끗이 청소하고, 이부자리도 버리자구.

그런다고 걔가 정말 내 가슴에서 지워질까?

물론 금방 싹, 지워지지는 않겠지. 그러니까 노력하자는 거 아니야.

그게 수학 문제 풀듯 그렇게 간단히 해결될 거라고 봐요?

나는 남편을 똑바로 건너다보았다.

나는 노력하면 안 될 것도 없다고 봐.

다시 길 건너편으로 시선을 돌린 남편이 한숨을 길게 뱉어내었다. 오죽 답답하면 저런 말을 할까. 나는 남편을 이해했다. 내색은 하지 않지만, 그도 종배를 가슴에 묻고 늘 아파하고 있었다. 따라서 그건 나한테 하는 말인 동시에 자신에게 하는 말이기도 했다. 하지만 그건 말처럼 그렇게 쉬운 문제가 아니었다. 지금까지는 남편 말대로, 열심히 살면 이룰 수 있다는 신념 하나로 악착같이 살아왔고, 그래서 전부는 아니더라도 절반쯤은 이뤘다고 자부했으나 그 문제와 이 문제는 근본부터가 다르지 않은가.

노력해야지, 어쩌겠어. 딸아이 말대로 다른 길이 없잖아.

남편은 여전히 길 건너편을 바라보고 있었다. 남편의 시선이 머문 산자락에는 나무들 사이로 붉게 피어 있는 철쭉 몇 떨기가 바람에 흔들리고 있었다.

미지근했던 커피는 이미 식어 있었다.

물론 어렵다는 건 나도 알아.

나는 남편과 이런 대화를 나누고 싶지 않아 먼저 자리를 털고 일어났다. 주차장으로 내려선 내가 잠시 멈칫거리자 커피 머그잔을 반납하고 온 남편이 차에 오르면서 다시 나를 재촉했다. 얼마나 컸을까. 작년엔 내 코에 닿을 만큼 자랐는데……. 나는 한숨을 길게 토해내었다. 정말 궁금했다. 안타까웠다.

딸에게서 전화가 온 것은 우리가 중부고속도로에 막 진입했을 무렵이었다. 누구를 닮아서 그런지 이번에도 딸은 앞뒤 없이 바로 본말로 치고 들어왔다.

왔어?

안 왔어.

나는 딸이 무엇을 말하는지 금방 알았다.

그거 봐. 내가 그럴 줄 알았다니까.

나는 힘이 빠졌다. 위로는커녕 뒤이어 또 뭐라고 잔소리를 늘어놓을까, 긴장했다. 아니나 다를까. 그거 보라면서 혀끝을 찬 딸은 그러니까 이젠 헛물켜지 말고 속 차리라고 다그쳤다. 그리고는 늘 입만 열면 되뇌던 것, 애면글면 끌탕 하지 말고 잊어버리라는 뒷말도 잊지 않았다.

손뼉도 마주쳐야 소리가 나는 법이야.

나는 딸이 다그치는 소리를 들으면서 어쩌면 남편만 쏙 빼닮았을까, 섭섭한 마음이 치밀어올랐다. 세상의 딸들은 모두 엄마 편이라는데, 우리 집 딸은 예외였다. 딸은 자기 할 말만 속사포처럼 내뱉고는 퇴근하는 길에 잠깐 들르겠다는 것을 끝으로 전화를 끊었다. 일방적이었다. 나는 버릇이 없다고 혀를 차면서도 차라리 그게 속 편했다.

또 핀잔만 들었군.

철근을 잔뜩 실은 화물차를 피해 차선을 변경한 남편이 입꼬리를 올리며 웃었다. 그러나 그뿐, 졸리면 눈 좀 붙이라는 말을 건넨 남편은 이천이 10킬로미터 남았다는 이정표가 나타날 때까지 앞만 주시한 채 입을 열지 않았다. 남편은 무슨 생각에 빠져 있을까. 그렇다고 말막음까지 하는 것은 아니어서 나는 이따금 차창 밖으로 비껴가는 풍경을 내다보면서 심심풀이 삼아 혼자 묻고 혼자 대꾸하며 시간을 보냈다. 일테면 이런 식이었다. 산소에 심은 철쭉이 잘 자랄까 묻고는, 혼자 잘 자랄 거야, 대답하는 식이었다. 그리고는 내가 내년에 찾아왔을 땐 정말 활짝 피어 있는 것을 보았으면, 하고 바랐다. 그때였다. 남편의 옆얼굴을 곁눈질하던 나는 문득, 기다릴 게 아니라 직접 주영이를 찾아 나서야겠다는 생각이 뇌리를 때렸다. 생각이 거기에 미치자 왜 진작 그 같은 궁리를 하지 못했는지, 나는 내가 원망스러웠다. 그래, 그거야. 나는 쾌재를 불렀다. 나는 나에게 박수를 보냈다. 남편의 말문이 열린 것은 내가 그 이야기를 꺼냈을 때였다.

정말 코로나에 걸린 건 아니겠지?

…….

내가 찾아가 확인해야겠어.

어딜?

이때였다. 남편이 놀란 눈빛으로 나를 돌아보았다.

방배동이라고 했나, 서초동이라고 했나?

누구를 말하는 거야?

누군 누구야, 며느리 친정엄마네 집이지.

나는 목소리를 높였다. 이젠 남편이 뭐라고 하든지 딸이 뭐라고 하든지 상관하지 않을 작정이었다. 당장 수소문해야겠다고 다짐하며 입술을 깨물었다. 주영이가 누군가. 내 손자 아닌가. 그렇다면 그에 대한 걱정과 궁금증을 할머니가 알아야 한다는 건 도리이고 의무가 아니겠는가. 그렇게 볼 때 그 문제를 풀어갈 출발점은 며느리의 친정이었다. 우리 집에는 발을 끊었지만, 거기는 왕래하고 있을 게 분명하니까…….

나는 입술을 깨물었다. 남편이 가르쳐주지 않아도 찾는 방법은 있었다. 언젠가 202호 할머니가 일류여고 운운하면서 며느리의 친정엄마가 동창이라고 자랑하던 말을 들었기 때문이다. 여고 시절부터 제법 친하게 지냈다는데, 설마하니 주소를 모를 리가 있겠는가. 그래도 모른다고 발뺌하면 여고 동창명부를 뒤져서라도 알아봐 달라고 사정할 생각이었다. 친정엄마를 만나면 다른 건 묻지 않을 작정이었다. 내 새끼, 주영이의 근황과 핸드폰 번호만 가르쳐달라고 간청할 생각이었다.

거긴, 왜 가려고?

남편의 목소리가 커졌다.

당신은 할아버지라면서 주영이가 궁금하지도 않아?

나는 나도 모르게 톡, 쏘아붙였다. 남편은 잠시 무언가를 생각하는 듯 이맛살을 찡그린 채 입을 열지 않았다.

주영이가 왜 오늘 오지 못했는지, 알아는 봐야 할 것 아니야.

나는 남편을 다그쳤다. 한참 뒤 남편은 결심한 듯 이맛살을 찡그린 채 며느리의 친정이 방배동이라고 일러주었다. 그것만이 아니었다. 남편은 선선히 그 집의 번지와 연락번호도 수첩에 적어놨다고 토로했다. 그러나 너무 오래된 까닭에 이사 가지 않았는지, 그리고 그 번호를 그냥 사용하고 있는지는 모르겠다고 덧붙였다.

그게 어디 있어?

집에.

근데, 그걸 가지고 있으면서 왜 지금까지 나서지 않았어?

내가 얘기했잖아, 이젠 남남으로 살아야 한다고.

주영이가 남이야? 걔가 지금은 비록 그쪽 집에서 밥을 먹고 잠을 자지만, 걔는 엄연히 경주 정씨 양경공파, 우리 핏줄이야. 그것은 세상이 몇백 년 흘러도 바뀌지 않는다는 거 누구보다 당신이 더 잘 알잖아. 근데, 왜 모르는 척했어? 누구 속 까맣게 타 죽는 꼴 보고 싶어서 그랬어?

남편은 할 말이 없는 모양이었다. 앞을 주시한 채 마른 입맛만 몇 번 다셨다.

며느리가 개가했다는 소식을 처음 들었을 때 나는 야속하고 섭섭한 마음에 하룻밤에도 몇 번씩 깨어나 뜬눈으로 새우다시피 했다. 열 길 물속은 알아도, 한 길 사람 속은 모른다더니……. 사진 속에서 웃고 있는 종배가 더 안쓰럽고, 그리웠다. 왜 일찍 떠나서 내 가슴에 대못을 박느냐고, 캄캄한 거실에 앉아 혼자 훌쩍거린 적도 한두 번이 아니었다. 그러나 세월이 약이라는 말은 정말 맞는 말이었다. 터널처럼 어둡고 원망스러운 시간이 어느 만큼 지나자 야속했던 마음, 섭섭했던 마음이 나도 모르게 조금씩 희미해졌다. 그럴 수도 있겠다는 생각이 들었다. 이생에서의 인연의 끈이 끊어지면 또 다른 인연의 끈을 찾아 맺을 수도 있는 것 아니겠는가. 더구나 요즘은 서로 두 눈이 시퍼렇게 살아 있을 때 헤어지는 경우도 허다하지 않은가. 그렇게 보면 며느리는 아직 살아갈 날이 많은 젊은 나이였다. 나는 다만 주영이를 잘 키워주기 바랐다. 종배와의 인연이야 거기까지라고 해도 그 아이는 어쨌든 자기 배 아파하면서 낳은 새끼니까……. 그러면서도 내심 꿍꿍이속이 따로 있었던 것도 사실이었다. 핏줄이야 어디 가겠느냐는 것이었다. 어디에 있더라도 자라고 나면 틀림없이 자기 발로 찾아올 거라고 믿었다. 그래서 기일마다 잊지 않고 공원묘지에 데려다주는 며느리 쪽을 고맙게 여긴 것이었다.

남편의 예상대로 이천을 지나자 차들이 조금씩 밀리기 시작했다. 도로는 편도 4차선으로 넓어졌으나 연결된 다른 도로에서 들어오는 차들이 갑자기 늘어난 게 원인인 듯했다. 2차선에서 서행하던 남편이 나를 흘끗 돌아보면서 입을 열었다.

길이 아니면 가지 말라는 말, 들어 봤지?

남편의 목소리는 느리고 나지막했다.

그 길이 어떤 길인데?

나는 뜬금없다고 생각했다.

보고 싶은 마음, 그거 당신만 있는 것 같아? 당신만큼은 아닐지 모르지만 나도 그 아이 얼굴을 떠올리면서 밤잠을 설친 게 한두 번이 아니야.

아니, 그렇다면 적극적으로 나섰어야지.

길이 다른 걸 어떻게 해. 내가 나서서 들쑤셔봐. 며느리는 며느리대로, 주영이는 주영이대로 얼마나 힘든 시간을 또 보내겠어. 그렇지 않아도 아픈 상처를 안고 사는 아이들인데. 그러니까 아물 때까지는 아파도 서로 모르는 척 눈감아야지.

길게 한숨을 토해낸 남편이 뒷말을 이었다.

그래서 얘기한 거야, 잊지는 못하겠지만 억지로라도 잊도록 노력하자고……. 왜냐하면 그게 서로 살아갈 길이거든.

남편은 딸이 하던 말을 다시 꺼냈다. 남편은 늘 그런 식이었다. 답변이 궁색하거나 자기 말이 통하지 않으면 딸을 앞세웠다. 그러나 이제 나는 그 두 사람과 걷는 길이 달랐다. 소극적인 남편의 뜻에 따를 생각이 없었다. 지금부터는 내가 보고 싶을 때 스스로 찾아가 만나고, 밥도 사주고, 용돈도 건네줄 생각이었다.

서행하던 앞차가 멎자 남편도 적당한 간격을 두고 브레이크 페달에 발을 올렸다. 차가 멎자 세상이 갑자기 정지된 느낌이었다.

마음속에 길 하나 품고 살자. 우리, 이젠.

그건 당신 생각이야. 내 감정까지 억지로 가두려고 하지 마.

나는 아랫입술을 비죽, 내밀었다. 작년에 봤던 주영이의 웃는 얼굴이 순간, 눈앞을 스쳐 지나갔다. 어쩜 웃는 모습까지 제 아비를 똑 닮았을까. 나는 다시 어금니를 깨물었다. 내 삶에서 그리움을 뺀다면 어떻게 될까. 얼마나 삭막할까. 그건 상상만 해도 몸서리가 쳐졌다. 갑자기 눈물이 쏟아질 것 같았다.

머잖아 우리도 갈 텐데, 뭘.

그래도 살아 있는 동안 난 그렇게 할 수 없어.

나는 단호하게 잘라 말했다. 아무리 남편이 그렇게 말해도 며느리의 친정집을 찾아가겠다는 생각은 접을 수가 없었다. 물론 틀렸다는 건 아니지만, 그것은 남편의 일방적이고 소극적인 방법일 따름이었다.

앞 자동차 꼬리를 물고 올라가는 서행이었지만, 그래서 답답한 건 사실이었으나, 시간이 지나자 언제 그랬느냐는 듯 우리는 하남과 광주를 지났고, 마침내 중부고속도로의 마지막 관문인 동서울 게이트도 벗어났다. 그러나 우리는 여전히 길 위에 있었다. 나는 집으로 가기 위해서는 순환도로로 접어드는 게 빠르다고 했으나 남편은 내 말을 듣지 않고 올림픽 도로를 선택했다. 나는 굳이 반대하지 않았다. 그쪽으로 가나 저쪽으로 가나, 결국은 통하게 마련이니까…….

잠실 운동경기장, 육삼빌딩과 국회의사당이 있는 여의도를 거친 차가 자유로로 접어들자 내 눈앞에는 어느새 낯익은 길이 펼쳐졌다. 일산의 고층 아파트들이 우측으로 보이기 시작하자 나는 비로소 내 집이 멀지 않다는 것을 확인할 수 있었다. ■

[수필]

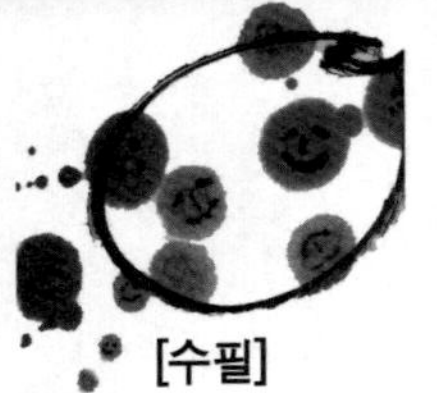

[수필]

그 손

박 금 아

'그때 꼭 한번 그 손을 만져보았지' *

이 시구를 읽고서야 아버지 생전에 손을 잡아 드린 적이 몇 번뿐이었다는 것을 알았다. 바깥쪽으로 살짝 휘어진 검지, 유난히 큰 엄지손톱, 글씨를 쓸 때면 종이 위에서 잠시 떨리던 그 손은 어른 남자 손치고는 약간 작고 하얬다. 평소에는 제자리를 지키는 단단한 손이었지만 술을 마시면 하염없이 물러지던, 이제는 암만 만지려 해도 만져 볼 수 없는 그 손이 떠올랐다.

시집을 덮어 둔 채 산길로 나갔다. 사월 초이레 달빛은 막 남해 바다를 건너온 듯 시퍼런 물빛이었다. 개나리 꽃무덤 아래에서 나무둥치 하나가 맨살을 드러내고 있었다. 나뭇잎으로 흙을 털어내자 희미하게 나이테가 나타났다. 구불구불한 달 물결 사이로 오래전 새벽 바다에서 돌아온 시리디시린 손이 어룽거렸다.

그 손은 대학 원서 쓰던 날, 기우는 집안도 나 몰라라 서울로 가겠다고 고집 피우는 큰딸의 등짝을 후려치며 떨리던 손이었다. 대학에 합격하여 집을 떠나던 날 고속버스터미널 그레이하운드 차창 너머에서 눈물로 흔들리던 손이었고, 결혼식을 끝내고 신혼여행 가던 때 어서 가라며 떠밀던 손이었다. 그때 알았다. 입시 원서 쓸 때 등을 갈기던 손은 그때껏 떨리고 있었다는 걸. 그리고 이듬해 첫 외손주를 받아 안으며 환한 웃음으로 활짝 펴 보이던 손이었다. 그때 나는 아버지의 손바닥에 박힌 생옹이들을 처음으로 보았었다.

나뭇등걸을 쓰다듬었다. 아버지의 손을 처음 잡았던 날이 떠올랐다. 중학교에 다닐 때였다. 스무 살도 되기 전부터 집안의 어장을 도맡아 했지만, 당신 소유로 된 번듯한 배 한 척 갖지 못했던 아버지는 처음으로 배를 건조했다. 진수식이 끝나고 손님들이 돌아간 저녁때였다. 아버지는 나를 불러 축항으로 갔다. 동생들도 나섰지만 나만 데리고 갔다. 여러 척의 배 사이에서 우리 배는 오색 댕기를 나부끼며 바다에서의 첫 밤을 맞고 있었다.

배에 오른 아버지가 칼치"에 서서 부둣가에 선 나를 향해 손을 내밀었다. 내가 멈칫거리자 어서 잡으라는 시늉으로 손을 흔들어 재촉했다. 그래도 나는 잡지 않았다. 여자를 배에 태우면 사업이 망한다고 하던 어른들의 말이 생각났기 때문이다.

"퍼뜩 잡고 올라온나."

성화에 이끌려 손을 잡고 말았지만, 배에 오르자마자 후회가 밀려왔다. 나 때문에 아버지의 어장이 기울까 무서웠다. 내 맘을 읽으신 듯 아버지가 눈을 맞추며 말했다.

"괘안타. 니는 우리 집 장남인 기라."

뜻 모를 말이었다. 아버지는 이물과 고물을 돌며 해로海路 읽는 법을 알려 주면서 키를 잡아 보게 했고, 엔진 소리를 듣게 해 주었다. 선미로 가서는 바닥에 난 네모 구멍으로 스크루 프로펠러를 가리키며 발을 헛디디지 않도록 조심시켰다. 소주병을 따 술잔을 건네며 바다에 붓게 했을 때는 내가 맏아들이 된 듯했다. 나를 장남이라고 한 아버지의 말이 오금을 박았던 걸까. 그날 아버지를 따라 배에 올랐던 이야기는 아무에게도 한 적이 없다.

아버지는 정말 나를 아들로 여겼던 걸까. 딸 넷을 낳고서야 겨우 얻은 아들은 다섯 살 안쪽이었으니 아버지를 귀전으로조차 들을 수 없을 때였다. 육지 공부를 시킨다며 나를 너무 어린 나이에 집에서 떠나보낸 미안함도 있었지 싶다. 누구보다 외로움을 일찍 배운 아버지였기에 객지에서 내가 느낄 마음을 다 안 거다. 종종 니는 복이 많아 잘 살 거라며, 어장이 번창한 것도 니가 태어나면서부터라고 했던 것도 나를 달래려던 말이었을 거다.

신혼여행에서 돌아와 친정에서 며칠을 묵고 폴보기 가던 날이 떠오른다. 아침부터 아버지는 통 말이 없었다. 가끔 주시던 덕담 하나 건네지 않았다. 고모와 당고모, 숙모들이 대문 밖 한길까지 나와 배웅하며 소리쳤다.

"야아야, 니 복 다 갖고 가지 말고 친정에 쪼께 냉기 놓고 가그래이."

전해 오는 말이 맞았던 걸까. 진수식 날 아버지 손을 잡고 올랐던 배는 내가 시집을 가고 정확히 일 년 후 어느 날, 출항을 하루 앞두고 불길 속으로 사라지고 말았다. 불타는 배를 속수무책으로 바라보며 허공을 휘저었을 아버지의 손이 지금도 서물거리는 듯하다.

태어나자마자 생모를 잃었던 아버지. 주먹 쥐고 울던 손을 잡아 준 이 없어서일까. 청년이 되어서까지도 아버지의 두 손은 꼭 쥔 채로였다. 그래도 어장만은 성실히 지켜낸 손이었다. 아버지의 손이 열린 것은 자식을 낳아 기르면서부터였다. 그러나 사업이 내리막길로 접어들면서 다시 움켜쥔 손은 배를 떠나보낸 뒤에는 종주먹이 되고 말았다. 술만 드시면 빈손을 폈다 오므렸다 하며 집안을 쥐락펴락했다. 그 손은 아버지에게서 가족을 멀어지게 했고, 꽤 오래 아프게 했다.

하늘을 올려다보았다. 반달이 한 번도 보름달인 적 없었을 아버지의 생애인 양 떠 있고, 하늘가엔 아무리 코를 벌름거려도 맡을 수 없었던 아버지의 몸내 닮은 목련이 사월 봄 바다에 실려 온 미역귀처럼 걸려 있었다. 하늘에서 눈길을 거두었다. 필시 공복인 채로 간신히 물고 있을 반달을 새벽하늘이 놓아버릴까 봐, 그러면 동이 트기도 전에 어장을 열어야 했던 아버지가 뱃길을 잃어버릴까 봐. 내 유년의 꼭지가 똑! 하고 떨어져 내릴까 봐….

새 한 마리가 비껴갔다. 봄밤, 꽃이 지천이건만 새는 시선 한번 주지 않고 쉼 없는 날갯짓으로 날아갔다. 소문난 부잣집 장남이었지만, 아버지도 꽃자리에 눈길 한번 보낸 적 없이 평생 두 손을 파닥이며 살다가 새가 되어 서편으로 날아갔다.

* 이선유, 「나무는 손의 유전자를 가졌다」, 『초록의 무늬』(시산맥사, 2020년, 94~95면)

** 선박의 맨 앞 뾰족하게 나온 부분

몰랐으면 좋았을 걸

원 숙 자

애유~

그 남자들 왜 그런 애기는 해가지고…

아니다. 다시 물어본 내 잘못인 것도 같다.

뒷집 며느리가 밤에 고개 너머 모퉁이 길을 돌아갈 때면 등골이 오싹하고 기분이 이상하다고 말할 때 나는 "애이~ 요즘 세상이 어떤 세상인데 그런 생각을 하고 그래" 하면서 웃었다. 내가 금방 그 꼴이 될 줄도 모르고…

남편이 시만 쓰다가 수필집을 냈다. 나는 조촐하지만 출판 기념회를 해주고 싶어 준비를 하고 있었다. 방문객들에게 줄 선물도 마련하고 벽에 걸어놓을 작은 현수막도 만들 요량으로 홍성에 있는 광고사를 소개받았다. 마침 소개 해준 지인이 함께 가서 골라주셨다. 배송 받을 주소를 적어주고 집 위치를 설명하는데, 지인과 광고사 사장의 눈이 마주치며 반짝이는 모습이 내 시야에 들어왔다. 궁금하면 못 참는 나다. "왜요?" "……" 둘이 다시 눈이 마주친다.

나는 다시 집에 가는 길을 설명 했다. 시골은 가끔 주소를 찍어도 약간의 오류가 있을 수 있어서 그런지 집 위치를 설명해주기를 바라기 때문이다.

"저기~ 홍성에서 예산 넘어갈 때 큰 고개 있잖아요. 고개 올라가서 바로 오른쪽으로 나가는 길이 있어요." "그 길을 내려와서 우측으로 틀면 왼쪽으로 외딴 집이 있는데 식당자리예요"

"거기 맞당게~" 서로 눈을 마주보며 "그 왜, 왼쪽으로 가든하나 있는 그 길이 맞는 거쥬?" 하며 고개를 돌리지도 않고 내게 물었다. 나는 당당하게 "네, 지금은 비어있지만 전에 식당을 했던 자리 같아요." 그 건물은 지은 지 오래 되지 않아 보였는데 너무 외져서 장사가 안 되는 것 같아 보였다. "왜요. 뭔데요?" 다그쳐 물었다.

"오래 되긴 했는데 택시 기사들 몇이 황당한 일을 당한 곳이라서…" 말꼬리를 흐리면서 "근디 그길로 가면 돼는 거 맞쥬?" 하며 지인을 바라본다. 지인은 망설이다가 "아가씨가 택시를 타고 그 집에 가자고 해서 갔더니, 차비를 안주고 집으로 들어가 버리더랴. 그래서 따라 들어갔더니 아버지가 나와서 택시비를 줬다는 구먼" 그러자 광고사 사장님은 "아녀 그날이 그 딸 제삿날이랐잖여~ 돈을 받고 돌아 나오는데 다리가 후덜거려서 어떻게 왔는지 기억도 않났다더구먼~" "택시 기사 몇이 당했다고 혔당게~" "그 집 아직도 장사 허는지는 모르는디, 여그서는 유명한 이야기구먼~" 처음 듣는 이야기에 나는 마음이 조금 이상했지만 그저 전설이려니 생각하며 돌아 왔다.

이틀 후 필요한 것이 있어서 몇 번 들렀던 가게에 갔다. 나오려는데 커피한잔 하고 가라며 팔소매를 끌었다. 의자에 앉히고 난로에 나무를 넣으며 부인을 향해 따뜻한 커피를 내오라했다. 나는 못이기는 척 커피를 마시며 그 이야기를 넌지시 꺼냈다.

“엊그제 홍성에 갔다가 이상한 이야기를 들었어요.” 두 부부는 호기심 어린 눈으로 나를 제촉하는 눈으로 바라봤다. “왜~, 우리 집 가는 길에 공단 지나 그 외딴집 있잖아요. 식당자리~” 우리 집에 항아리를 배송하러 왔던 터라 가는 길을 잘 알고 있던 분이다. “아 글쎄, 그 집에 이상한 일이 있었데요. 홍성 택시 기사들이 몇 명 아가씨한테 당했다며 무서운 곳이라던데요.” 가게 사장님은 잘 아는 이야기라면서 “그이야기 텔레비전에도 나왔잖아유~” 부인을 보면서 “그쪽이 아닌디, 그 집은 지석리 들어가기 전에 조금 더 가면 굴다리 있잖아유~ 그. 거그 있는 집인디유~ 지금도 장사 하나 몰러~” 그 이야기를 듣는 순간 머리카락이 하늘로 솟으며 등골이 오싹해졌다.

“아니 그분들 이야기는 홍성 고개 너머 우측으로 내려와서 왼쪽 집이라던데요.” “맞쥬. 홍성 고개 넘어오다 고개 꼭데기에서 왼쪽에 있는 기와집인디 거그가 아래로 푹 들어가서 그냥 보기에도 으스스하긴 혀요.” “지금은 길이라도 넓지. 옛날에는 무서워서 거그 지나가는 거 싫어혔당게유.”

평소 겁이 많은 나는 무서운 생각에 몸서리를 쳤다.

그날 저녁 일주일에 두 번 나가는 운동을 하러갔다. 밤 9시쯤 끝나고 돌아오는 데 또 머리가 쭈뼛 거리고 등골이 오싹해졌다. 운전석 뒷좌석에서 누군가 나를 쳐다보고 있는 것 같아 룸미러를 볼 수도 없었다. 길이 구불거리지 않으면 눈이라도 감아버리고 싶었다. 간신히 고개를 넘어 내려와서야 그 기분이 풀렸지만 영~ 찝찝했다. 집에 들어오자마자 몹시 무서워서 구불거리는 좁은 길을 간신히 운전하고 왔다며 남편에게 그 이야기를 했다. 내가 뒷집 며느리에게 했던 것처럼 똑 같은 표정으로 "요즘 세상에... 애기도 아니고, 그게 뭐가 무섭냐?" 하며 큰 소리로 웃는다.

그래도 나는 여전히 밤에 그 길을 달릴 때면 뒷좌석에 누가 앉아 있는 거 같은 기분이 들고 무서웠다. 그래서 우리 집 가는 길에서 삼사백 미터쯤 떨어져 있는 그 집을 찾아가 보기로 했다. 4차선 도로 아래로 움푹 들어가 있는 그곳은 개발 중이었다. 커다란 마당에 모아놓은 비석이 여러 개 세워져 있는 것이 제일먼저 눈에 들어왔다. 그 옆으로 새로 지은 기와집이 부잣집 안채 같은 모습으로 자리 잡고 있는데 '단체 환영' 이라는 글귀가, 영업을 하고 있는 것 같아 보였다. 하지만 점심 시간인데도 차는 한 대도 없고 불이 꺼져있는 것이 예약만 받는 것이 아닌가 싶다. 마당은 정원을 조성중인 듯 갓 심은 나무도 있고, 줄줄이 잔디를 심어 놨는데 파헤쳐진 흙이 가라앉지 않았다. 사이사이로 돌을 깔아 걸을 수 있는 길도 만들고 있었다. 커다란 소나무도 심겨진 모습이 아이들 데리고 도시락을 싸서 놀러 와도 좋겠다는 생각도 들었다. 좁은 계곡이지만 남향이라 햇살도 살갑게 느껴졌다.

그날 이후로 두려움이 조금은 가셨다. 운동을 끝내고 집에 돌아오니 한국사를 다루는 프로에서, 원귀가 되어 고을 원님 몇을 죽게 했다는 '장화 홍련' 이 실존인물이라는 내용을 다루고 있다. 다시 머리카락이 쭈뼛거린다.어른들 말씀처럼 '모르는 것이 약이다 '는 말이 실감나고, 듣지 말았어야 했다는 생각이 자꾸만 머릿속을 맴돈다. 나는 진정한 겁쟁이인가 보다. ▪

【필자 약력】

시_

강신석 e-mail: yb6672@nate.com
2015년 『한맥문학』 신인상으로 등단.

김민채 e-mail: ysmjhu@hanmail.net
2008년 『시문학』으로 등단. 제18회 푸른시학상 수상. 시집 『빗변에 서다』 『노랑으로 미끄러져 보라』가 있음. 2022년 인천문화재단 창작지원금 수혜.

김성호 e-mail: symphonpoem@hanmail.net
1994년 계간 『시조문학』 천료. 2002년 『현대시』 신인추천작품상으로 등단. 시집 『소리의 하늘』 『소리의 여행』 『보도블록에 깃든 숨결』 『연약함이 강함을 용서한다』 외.

김애리샤 e-mail: wanderlust4104@hanmail.net
2018년 『창작21』 신인상으로 등단. 시집 『히라이스』 『치마의 원주율』. 공동시집 『시골시인J』 .

김원희 e-mail: kwh3520@gmail.com
1998년 계간 『불교문예』 희곡 신인상, 2012년 계간 『창작21』 신인상으로 등단. 불교문학 신인문학상 수상. 시집 『햇살다비』. 편저 동시집 『욜로욥서예』.

김은옥 e-mail: indienk@hanmail.net
2015년 『시와문화』 신인상으로 등단. 수필집 『고도孤島를 살다』. 시집 『안개의 저쪽』(2022년 경기문화재단 지원금 수혜). 제3회 창작21작가상 수상.

김이담 e-mail: i815815@hanmail.net
충북 보은 생. 2019 계간 『가온문학』 〈가온이 발굴한 시인〉에 '그 바다의 뒷모습' 외 다수 작품 발표. 시집 『그 벽을 껴안았다』 외 다수.

김종휘 e-mail: jongwheek@gmail.com
1960년 전남 영광 출생. 1977년 캐나다로 이민했으며, 2000년 『시현실』로 등단. 현재 캐나다 영시낭송회 부회장.

김홍섭 e-mail: ihomer@hanmail.net
성균관대(대학원)경영학과, 서울대 대학원 졸업. Canada Trinity Western Univ.(TWU) 초빙교수. 2010년 『문학세계』 신인상으로 등단. 시집 『기다림이 힘이다』 외. 인천대 명예교수.

나금숙 e-mail: nnn2051@naver.com
2000년 『현대시학』 등단. 시집 『레일라 바래다주기』 외. 2002년 문예진흥기금, 2017년 서울문화재단 지원금 수혜.

문예진 e-mail: ans1679@naver.com
2022년 계간 『창작21』 신인상으로 등단.

문창길 e-mail: dlkot108@daum.net
1984년 두레시동인으로 작품활동 시작. 시집『철길이 희망하는 것은』(문화예술진흥원 창작지원금 수혜). 『북국독립서신』(2019년 경기문화재단 지원금 수혜 및 문학나눔도서 선정). 인도네시아 번역시집 『Apa yang Diharapkan Rel Kereta Api』.

박명옥 e-mail: dhr242@hanmail.net
2022년 계간 『창작21』 신인상으로 등단. 제5회 솜다리문학상 수상.

박승일 e-mail: bagilhan25@daum.net
2020년 계간 『창작21』 신인상으로 등단.

박영선 e-mail: sgogs@hanmail.net
전북 김제에서 태어나 광명에 살고 있다. 시집 『조금 더 사소해지는 사이』로 작품활동 시작. 시집 『분홍달이 떠오릅니다』.

변예랑 e-mail: byr8899@naver.com
2020년 『창작21』 신인상으로 등단.

선종구 e-mail: bulimunga@daum.net
전남 벌교 출생, 2016년 시집 『여자만 소식』으로 작품활동 시작. 2022년 『창작21』 신인상으로 등단. 시집 『뿌리를 위하여』(2022년 문학나눔 도서 선정). 현재 벌교에서 쌀농사를 짓고 있다.

안재홍 e-mail: koduam0819@hanmail.net
강원도 영월 출생. 2019년 『창작21』 신인상으로 등단. 시집 『무게에 대하여』.

유나영 e-mail: nayoung4628@daum.net
『한국시』로 등단. 시낭송가. 시집 『단 한 번의 사랑을 부르게 해주오』 외. 시조집 『그대 이름을 지피며』 외 다수.

윤선길 e-mail: baseysg@hanmail.net
장안대 문창과 졸업. 2011년 『창작21』 신인상으로 등단.

이광호 e-mail: kh0554@naver.com
전남 고흥 출생. 2011년 『창작21』 시 신인상, 2015년 시조 신인상으로 등단. 시집 『ㄱ에 대하여』 『담아 두고 싶어서』 『모양글 닻소리』 『옳다는 말 궁금하여』. 현재 농업에 종사.

이선유 e-mail: leesj4363@naver.com
충남 청양 출생. 2016년 『창작21』 신인상으로 등단. 시집 『초록의 무늬』. 제1회 창작21작가상 수상.

이송우 e-mail: pennink21@naver.com
2018년 『시작』 시 등단. 시집 『나는 노란 꽃들을 모릅니다』, 공편시집 『나의 투쟁 보고서』가 있음.

이장호 e-mail: easycosmo@naver.com
강원 평창 출생. 2022년 『창작21』 신인상으로 등단. 시집 『노랑은 색이 아니에요』.

이정희 e-mail: ljh652711@daum.net
전남 보성 출생. 2017년 『창작21』 신인상으로 등단. 시집 『모과의 시간』.

이중동 e-mail: whrkrekf12@naver.com
2019년 『창작21』 신인상으로 등단.

장혜승 e-mail: hsjang2625@hanmail.net
경북 의성 출생. 2003년 『현대시학』 시 신인상으로 등단. 시집 『씨앗』.

정대구 e-mail: jungdg72@daum.net
1936년 경기 화성 출생. 1972년 〈대한일보〉 신춘문예 당선. 시집 『칼이 되어』 『착한 토끼』 『아직도, 땡감』 외 다수. 수필집 『구선생의 평화주의』 외. 저서 『김삿갓 연구』 등. 명지문학상 등 수상.

정안덕 e-mail: jad1215@naver.com
전남 나주 출생. 숭의여대 미디어문예창작과 졸업. 2014년 『한국인문학』 수필 등단. 2018년 『창작21』 시 신인상으로 등단. 시집 『연두공을 치는 여자』 『네거리를 건너가는 산』. 수필집 『하늘의 별을 따라고 하세요』.

조길성 e-mail: blackbear0@naver.com
1961년 경기 과천생. 2006년 『창작21』 신인상으로 등단. 시집 『징검다리 건너』 『나는 보리밭으로 갈 것이다』 외.

최태랑 e-mail: ctr5555@hanmail.net
전남 목포 출생. 2012년 『시와정신』으로 등단. 시집 『물은 소리로 길을 낸다』 『도시로 간 낙타』 『초록 바람』

외. 산문집 『내게 묻는 안부』. 시작상, 인천문학상 등 다수 수상.

표규현 e-mail: giftmind@hanmail.net
1955년 경기 남양주시 출생. 2017년 『창작21』 신인상으로 등단. 시집 『먼지 속으로 나는 새』 외.

허자경 e-mail: a01020002262@hanmail.net
「시현실」로 시 등단. 가톨릭관동대학교 현대시창작과정 수료. 현재 강릉여자고등학교 재직. 시집 『엉겅퀴의 여자』 『오늘 너의 이마에 내 지문을 입혔어』.

소설_

마선숙 e-mail: fact030@naver.com
2013년 『시와문화』 시 신인상으로 등단. 2014년 『불교문예』 소설 신인상으로 등단. 시집 『저녁, 십 분 전 여덟 시』. 소설집 『몸이 먼저 먼 곳으로 갔다』.

임철균 e-mail: berlin-angel@hanmail.net
1964년 광주 출생. 가톨릭대 국문학과 졸업. 동대학원 2017년 『창작21』 소설, 2021년 『창작21』 시 신인상으로 등단. 박종철문학상 수상.

정수남 e-mail: jjssnam@hanmail.net
1945년 평양 출생. 1984년 〈서울신문〉 신춘문예로 등단. 자유문학상, 대한민국 장애인문학상, 한국소설문학상 등 다수 수상. 작품집 『분실시대』 『타성의 새』 외 다수. 시집 『병상일기』. 정수남문학공작소 운영.

수필_

박금아 e-mail: ilovelucy@hanmail.net
삼천포 출생. 숙명여대 불문과 졸업. 2015년 『매일신문』 신춘문예로 등단. 해양문학상, 등대문학상 등 수상. 수필집 『무화과가 익는 밤』. 2019년 아르코 문학창작기금 수혜. 제2회 창작21작가상 수상.

원숙자 e-mail: sujanwon@hanmail.net
2017년 『한국수필』로 수필 등단. 2020년 『창작21』 시 신인상으로 등단. 수필집 『남편은 참새농장주인』 『남편과 마법상자』 외.